国际税收竞争背景下我国具有竞争力的税制建设研究

王越 著

中国财经出版传媒集团
中国财政经济出版社

图书在版编目（CIP）数据

国际税收竞争背景下我国具有竞争力的税制建设研究／王越著．--北京：中国财政经济出版社，2023.2

ISBN 978-7-5223-1933-9

Ⅰ.①国⋯　Ⅱ.①王⋯　Ⅲ.①税制建设-研究-中国　Ⅳ.①F812.422

中国国家版本馆 CIP 数据核字（2023）第 014929 号

责任编辑：翁晓红　　　　　　　责任校对：徐艳丽
封面设计：孙俪铭　　　　　　　责任印制：刘春年

国际税收竞争背景下我国具有竞争力的税制建设研究
GUOJI SHUISHOU JINGZHENG BEIJINGXIA WOGUO JUYOU
JINGZHENGLI DE SHUIZHI JIANSHE YANJIU

中国财政经济出版社 出版

URL：http：//www.cfeph.cn
E-mail：cfeph@cfeph.cn
（版权所有　翻印必究）

社址：北京市海淀区阜成路甲 28 号　邮政编码：100142
营销中心电话：010-88191522
天猫网店：中国财政经济出版社旗舰店
网址：https：//zgczjjcbs.tmall.com
北京财经印刷厂印刷　各地新华书店经销
成品尺寸：170mm×240mm　16 开　13.75 印张　201 000 字
2023 年 2 月第 1 版　2023 年 2 月北京第 1 次印刷
定价：56.00 元
ISBN 978-7-5223-1933-9
（图书出现印装问题，本社负责调换，电话：010-88190548）
本社质量投诉电话：010-88190744
打击盗版举报热线：010-88191661　QQ：2242791300

前　言

从 20 世纪 80 年代早期开始，新自由主义税收改革潮流席卷全球（Bird，2012；Slemrod，2004），国际税收竞争加剧，世界各国的税制完善更注重市场化，给收入分配平等的推进及公共产品的供给带来了严峻挑战。企业所得税的法定税率和个人所得税的累进级数特别是中高收入的累进性均有所降低，这一基本趋势在发达国家和发展中国家普遍存在（Kumar 和 Quinn，2012；Peter、Buttrick 和 Duncan，2010）。全球企业所得税按 GDP 的加权平均税率从 1980 年的 46.63% 降到了 2019 年的 26.30%；个人所得税最高平均税率则从 1985 年的 45% 降到了 2018 年的 29%。伴随着税率下调，发达国家的企业和个人所得税的各种减免政策数量不断减少，范围不断缩小（Ganghof，2000；Swank 和 Steinmo，2002）；在发展中国家，这一趋势主要出现在中等收入国家，低收入国家为吸引流动资产加大税收优惠力度的行为则造成税基缩小的结果（Keen 和 Simone，2004）。

发布于 2013 年的《BEPS 行动计划》①，于 2016 年付诸实施，包括 15 项行动计划以及金融账户涉税信息自动交换。2019 年出台了应对经济数字化的"双支柱"方案。当税收协调给各国带来的税收总增量保持在一定水平时，对税收增量的争夺将会成为各国的重要目标，也会成

---

① 2013 年 6 月，经济合作与发展组织（OECD）发布《BEPS 行动计划》（"BEPS"指税基侵蚀和利润转移）。

为影响规则制定的重要因素。2017年美国总统特朗普正式签署《税收和就业法案》，标志着近30年美国最大的一次税制改革正式实施，体现了提高本国税制竞争力和吸引海外利润回流的政策意图。美国边际税率的急剧下降立即对资本流动和投资流向产生了影响，并引发了新一轮全球各国税制改革和减税浪潮，全球税收竞争程度骤然提升。

习近平总书记多次提出"当今世界正经历百年未有之大变局"[①]的论断。党的十九大提出了开放经济时代的新思想与新战略，党的十九届四中全会提出"建设更高水平开放型经济新体制"。党的二十大报告指出要"坚持高水平对外开放，加快构建以国内大循环为主体、国内国际双循环相互促进的新发展格局"。习近平总书记强调"着力发展开放型经济，提高现代化经济体系的国际竞争力"[②]。当前是国际格局大调整期，也是我国比较优势转换实现高质量发展的关键时期。全球经济治理变革面临更大的不确定性，大国博弈、新一轮技术革命等要素，深刻改变了国际经济格局。我国面临在前沿科技特别是在数字化、网络化、智能化发展和技术领域的激烈竞争。在此背景下，国家间在国际贸易、国际投资方面的竞争日益激烈。随着全球价值链、供应链的深入发展，各国对利益的分配更加关注，围绕全球贸易投资规则制定权的竞争也更加激烈。

全球经济发展格局与世界税制变革深刻地影响着各国国际税收发展的战略设计。在当前国际经济、政治新形势下，要把握新时代"统筹国内国际两个大局"的新内涵，要把握国际税收领域发展的新趋势对我国税制的要求，建设具有国际竞争力的税收制度。主权国家参与国际税收竞争是市场竞争下的自主行为，适度的国际税收竞争有利于促进公

---

① 习近平：关于《中共中央关于坚持和完善中国特色社会主义制度 推进国家治理体系和治理能力现代化若干重大问题的决定》的说明，2019年11月5日；《坚持可持续发展 共创繁荣美好世界》，在第二十三届圣彼得堡国际经济论坛全会上的致辞，2019年6月7日；第二届"一带一路"国际合作高峰论坛，2019年4月26日等。

② 习近平：《深刻认识建设现代化经济体系重要性 推动我国经济发展焕发新活力迈上新台阶》，《人民日报》2018年2月1日。

共产品与个人偏好匹配，推动税制优化，对经济社会发展有一系列积极效应。因此，如何更好地参与国际税收竞争，并推进具有竞争力的税制建设就成为我们十分关心的问题。

本书的写作目的是研究在当前国际税收竞争背景下进行具有竞争力税制建设中的"明道"与"优术"。"明道"决定理念，从而决定战略、方向；"优术"决定方法，从而决定策略、细节。因此，亟须研究国际税收竞争新形势对我国税制建设的要求及税收政策手段的运用对经济的影响，从而使税制建设更好地服务于新时期国家经济发展战略的总格局。为此，本书提出以下四个问题：第一，新时期应如何加深对国际税收竞争及新趋势的理解？第二，什么样的税制是具有竞争力的税制？第三，从竞争视角审视我国税制尚存在哪些不足？第四，当前我国应如何进行税制建设以取得竞争优势？国际税收竞争对国内税制改革提出了什么新要求？因此，如何构建具有竞争力的税制以适应国际税收竞争的新要求就成为本书研究的主线。

本书的总体结构是建立在以上问题的基础上的，按照由抽象到具体、由理论到实践的逻辑次序来安排。为与这一内容框架相适应，在研究方法上本书采用了三要素：一是历史，从具有大视野的历史比较分析中汲取经验教训；二是理论，在判断理论使用边界的基础上进行具有内在逻辑判断的理论分析；三是统计，运用统计和计量经济学等工具手段进行量化分析和检验。在写作过程中，笔者力求实现这三者的平衡。本书主要从历史长河的纵深视野中考察国际税收竞争，从国际宽宏视角对税制竞争力进行横向比较，在研究过程中，实现以宏观为视野、微观为落脚点，从而使税制建设的顶层设计、具体改革措施更具有针对性、科学性、内在逻辑性和前瞻性。本书通过经济理论的内在逻辑分析和实证分析理解新形势下什么样的税制是有竞争力的税制，为税制建设与改革提供理论支持与政策启示。

循此思路，本书分为六个章节，具体探讨国际税收竞争背景下我国具有竞争力的税制建设这一主题。章节主要内容和研究结论如下：

第一章是引论。首先介绍了本书的研究主题与背景；其次对已有的研究进行综述，对国际税收竞争的理论和实证研究、具有竞争力的税制建设的研究和国际税收协调的研究文献进行总结和评述，由此确立本书的研究起点，也为下文思路的进一步形成提供必要的启示；最后提出了研究思路、文章结构、研究方法与创新点。

第二章分别从历史分析、理论分析、实证检验三个层面出发，对国际税收竞争进行基本透视。第一，对国际税收竞争进行历史分析和理论分析。一是对两种基本类型国际税收竞争的历史变迁进行考察；二是考察了国际税收竞争与国内税制变革的关系；三是分析了国际税收竞争对资本、劳动力流动及经济增长、收入分配的影响。通过构建理论模型，对国际税收竞争模型的均衡结果进行数理推导并进行比较静态分析。第二，对国际税收竞争的效应进行实证检验。基于经济合作与发展组织（OECD）边际有效税率模型测算出的边际有效税率作为国际税制竞争力指标（在测算过程中，企业所得税是影响边际有效税率的重要税收参数），检验了其对我国对外直接投资决策的影响。研究发现：较低的东道国边际有效税率有利于我国对外直接投资（OFDI）的流入。

第三章以"国际税收竞争的治理：从税收协调的发展"这一视角作为切入点。国际税收协调水平是税制竞争力评价指标的重要内容之一，国际税收协调是全球化发展到一定阶段税收竞争的必然发展方向。本章首先对国际税收协调进行基本分析：一是分析了国际税收协调的影响因素、协调方式与经济效应；二是从国际宽宏视角汲取了国际税收制度协调的经验；三是论述了有害税收竞争的全球治理与税收竞争政策运用的外部约束条件；四是基于IFS报告[①]"双支柱"分析了国际税收协调的新发展。其次论述了国际税收协调的基本发展趋势对我国税制建设的影响。

第四章探索了具有竞争力的税制建设的理念方向。第一，考察了税

---

① OECD发布：《BEPS包容性框架下解决经济数字化税收挑战的双支柱方案的陈述报告》。

收竞争与税制建设相关的理论，主要包括财政交换论、优化税制论、国际机制与国际税收关系论。第二，界定了具有竞争力税制的内涵：遵循现代税制的公平、效率、便利、法治的原则，并具有以下基本特征：一是在国际税收争夺税基的竞争中具有跨境税源竞争优势，主要表现为流动税源的有效税负具有竞争优势；二是在国际税收划分税权的竞争中具有与国际税收规则变化相适应的特征，主要表现为经济数字化和反税基侵蚀的税收制度建设具有竞争优势。第三，分析评价了已有国际税制竞争力指标及其局限性。第四，对具有竞争力的税制的影响因素进行分析，并在此基础上构建了具有竞争力的税制的评价指标体系（包括5个一级指标、16个二级指标）。

第五章从竞争视角对我国税制进行了审视。第一，从宏观角度考察，认为我国的税收收入结构和来源结构的失衡导致了我国企业"税感"较重，且公共产品提供有待完善；并考察了典型市场经济国家的税制进行比较。第二，从具体税种的角度、从国际化角度来看，增值税仍需优化，个人所得税改革有待突破，企业所得税改革有待完善。第三，从微观角度考察：一是从有效税率的角度进行国际比较；二是将企业的纳税成本进行国际比较，应用因子分析法进行客观赋权，对全球181个国家和地区企业纳税成本进行综合评价，得出各因子得分、综合评价得分及排名情况，并得到了与世界银行报告不同赋权的综合评价结果。第四，进一步从我国税收法治建设的角度思考，认为我国的税收法定原则仍需进一步落实，税收法律的可执行性有待加强。

第六章从求解与深化改革的角度，围绕具有竞争力的税制评价指标体系提出了具有竞争力税制建设的具体建言，主要从具有竞争力税制建设的基本原则、传统实体税源竞争与中国国际税收竞争策略创新、新兴数字经济税源与中国经济数字化税收制度建设、国际税收规则变化与中国国际税收协调发展四个层次进行论述：第一，本书认为具有竞争力的税制建设首先应坚持公平与效率原则；其次，应坚守税收法定原则，还要进行税收主权"绝对性"与"相对性"的平衡。第二，从传统实体税源竞争与中国国际税收竞争策略创新的角度来考虑。具体来说，从国际税源竞争目标下的税制结构与税收优惠政策、吸引高质量外商投资和吸引人才方面进行税制的完善。第三，从新兴数字经济税源与中国经济数字化税收制度建设的角度，论述了我国进行税制建设需要考虑的问题。第四，从国际税收规则变化与中国国际税收协调发展的角度进行分析。

本书的主要创新之处在于：

第一，在综合考察、评价国际上已有的税制竞争力指标及其局限性的基础上，探索了符合时代特征的税制竞争力指标体系，探索从"税制体系公平效率程度""流动性税源的有效税负""税收法治化""经济数字化的制度建设""国际税收协调水平"五个维度构建具有竞争力的税制的评价指标体系（包括5个一级指标、16个二级指标），从具有竞争力税制的评价指标的视角审视我国税制，提出了具有竞争力税制建设的相应政策建议，丰富和深化了对于我国具有竞争力的税制建设的研究。

第二，分析了边际有效税率对我国对外直接投资决策的影响。本书从边际有效税率（EMTR）的视角考察税制竞争力。基于OECD最新开发的EMTR测算模型，就跨国EMTR水平对我国对外直接投资（OFDI）的影响进行实证分析。研究发现：较低的东道国边际有效税率有利于我国OFDI的流入，在边际有效税率的测算过程中，企业所得税是影响边际有效税率的重要税收参数。为提高我国税制竞争力，具体来说，建议考虑适当降低边际有效税率，从促进对外投资与吸引高质量外商直接投资两个角度来进行税收制度的完善。

第三，在当前国际上已有的税制竞争力指标中，一般采用世界银行发布的《世界纳税报告》指标数据对企业纳税成本进行国际比较，世界银行纳税指标评价分数为各个分指标得分的简单平均值。与此不同的是，本书创新地应用因子分析法进行客观赋权，对全球181个国家和地区企业纳税成本进行综合评价，得出各因子得分，综合评价其得分及排名情况，得到了与世界银行《世界纳税报告》不同赋权的综合评价结果，为世界银行已有的评价结果提供了另一角度的补充与参照。阐述了改善营商环境、降低企业纳税成本、提升税制竞争力的政策建议。

第四，本书认为现代国际税收竞争和具有竞争力的税制的内涵与外延也发生了深刻变化。本书将国际税收竞争定义为政府运用税收策略实现本国经济利益最大化的一种博弈行为，认为具有竞争力的税制应遵循现代税制的公平、效率、便利、法治的原则，并具有以下几个基本特征：第一，在国际税收争夺税基的竞争中具有跨境税源竞争优势，主要表现为流动税源的有效税负具有竞争优势；第二，在国际税收划分税权的竞争中具有与国际税收规则变化相适应的特征，主要表现为经济数字化和反税基侵蚀的税收制度建设具有竞争优势。

第五，在理论研究部分，本书力求从多视角综合考察国际税收竞争问题，结合国际经济学、公共经济学、政治经济学的理论观点，在学科的交叉综合上分析国际税收竞争问题，拓展了国际税收竞争的研究领域。

第六，以往关于税收竞争的文献资料，没有涵盖当前国际税收制度环境与制度安排变化及国际税收领域的最新动向；近期国际税收研究领域的文献中只有为数不多的关于国际税收竞争方面的研究，没有基于国际税收竞争角度系统论述新时期如何进行具有竞争力的税制建设。本书结合当前国际税收竞争的新形势与新特点系统地对我国的税制建设与改革方向提出了具体建言。

作　者

2022 年 11 月

PREFACE

Since the early 1980s, the trend of neoliberal tax reform swept the world (bird, 2012; slemrod, 2004), and international tax competition intensified. The improvement of tax system in various countries pays more attention to marketization, which brings severe challenges to the promotion of income distribution equality and the supply of public goods. Both the statutory tax rate of corporate income tax and the progressive progression of individual income tax, especially the progressivity of middle and high income tax, have decreased, which is a basic trend in developed and developing countries (Kumar & Quinn, 2012; Peter, Butrick & Duncan, 2010). The weighted average tax rate of global corporate income tax decreased from 46.63% in 1980 to 26.30% in 2019, while the highest average personal income tax rate decreased from 45% in 1985 to 29% in 2018. The reduction of tax rates in developed countries is accompanied by the reduction in the number and scope of various tax relief policies for enterprises and individuals (Ganghof, 2000; Swan & Steinmo, 2002). In developing countries, this trend mainly occurs in middle – income countries. However, low – income countries increase tax incentives in order to attract current assets, resulting in the narrowing of tax base (Keen & Simone, 2004).

BEPS Action Plan, released in 2013, was implemented in 2016, including 15 action plans and automatic exchange of tax related information of financial accounts. In 2019, a "double pillar" plan to deal with economic digitization was introduced. When the total tax increment brought by tax coordination is maintained at a certain level, the competition for tax increment will become an important goal of all countries and an important factor affecting the formulation of rules. In 2017, U. S. president Trump officially signed the *Tax and Employment Act*, marking the implementation of the largest tax reform in the United States in the past 30 years. The tax reform act reflects the policy intention of improving the competitiveness of the domestic tax system and attracting overseas profit return. The sharp decline of the marginal tax rate in the United States has an immediate impact on capital flow and investment flow, and triggered a new round of global tax reform with the reform of national tax system and the wave of tax reduction, the level of global tax competition has suddenly increased.

General secretary Xi Jinping has repeatedly put forward the thesis that "the world is going through a great change in the past hundred years". The 19th National Congress of the Communist Party of China put forward new ideas and new strategies in the era of open economy, and the Fourth Plenary Session of the 19th Central Committee proposed "building a new system of open economy with a higher level". The report of the 20th National Congress of the Communist Party of China pointed out that we should "adhere to a high level of opening up to the outside world, and accelerate the construction of a new development pattern with the domestic big cycle as the main body and the domestic and international double cycles promoting each other". General secretary Xi Jinping stressed the importance of developing an open economy and improving the international competitiveness of a modern economic system. At present, it is a period of great adjustment of the international pattern, and also a critical period for China's comparative advantage transformation to achieve high-quality development. The reform of global economic governance is faced with more uncertainties, the game between big powers and a new round of technological revolution, which has profoundly changed the international economic pattern. China is facing the fierce competition in the frontier science and technology, especially in the digital, network, intelligent development and technology fields. In this context, the competition between countries for international trade and investment is increasingly fierce. With the in – depth development of global value chain and supply chain, countries pay more attention to the distribution of interests, and the competition for the right to make global trade and investment rules is more intense.

The pattern of global economic development and the reform of world tax system have a profound impact on the strategic design of international tax development in various countries. Under the new situation of international economy and politics, we should grasp the new connotation of " coordinating the domestic and international situations" in the new era, grasp the requirements of the new trend of international tax field development on China's tax system, and build a tax system with international competitiveness. The participation of sovereign states in international tax competition is an independent behavior under market competition. Moderate international tax competition is conducive to promoting the matching of public goods and individual preferences, promoting the optimization of tax system, and has a series of positive effects on economic and social development. Therefore, how to make a better participation in the international tax competition and promote the construction of a competitive tax system has become a problem of great concern to us.

The purpose of this book is to clarify the path and specific methods of competitive tax system construction in the context of current international tax competition. The road determines the concept, thus determines the strategy and direction; Methods determine strategy and details. Therefore, it is urgent to study the requirements of the new situation of international tax competition for China's tax system construction and the impact of the use of tax policy means on the economy, so that the tax system construction can better serve the national economic development strategy in the new era. Therefore, the paper puts forward the following four questions: First, how to deepen the understanding of international tax competition and its new trend in the new period? Second, what kind of tax system is competitive? Third, from the perspective of competition, what are the shortcomings of China's tax system? Fourth, how should China build a tax system to gain competitive advantage? International tax competition puts forward new requirements for domestic tax system reform? How to build a competitive tax system to meet the new requirements of international tax competition has become the main line of this book.

The structure of this book is based on the above problems, and is arranged in the logical order from abstract to concrete, from theory to practice. In accordance with this content framework, this book adopts three elements in the research method: history, which draws lessons from historical comparative analysis with a broad perspective; Theory, the theoretical analysis with internal logic judgment is carried out on the basis of judging the use boundary of the theory; Statistics, quantitative analysis and testing are carried out by means of statistics and econometrics, and strive to achieve the balance of the three in the writing process. This book mainly examines the international tax competition from the perspective of the long history, and makes a horizontal comparison of the tax system competitiveness from the perspective of the broad international perspective. In the process of research, it realizes the research with the macro perspective and the micro perspective as the foothold. This will make the top – level design and specific reform measures of tax system construction more targeted, scientific, logical and forward – looking. Through the internal logic analysis and empirical analysis of economic theory, we can understand what kind of tax system is competitive under the new situation, so as to provide theoretical support and policy inspiration for tax system construction and reform.

Based on this idea, this book is divided into six chapters to discuss the theme of China's competitive tax system construction under the background of international tax competition.

The first chapter is an introduction, which introduces the research topic and background of this book. Secondly, the existing research is reviewed, and the theoretical and empirical research of international tax competition, the research of competitive tax system construction and the research literature of international tax coordination are summarized and commented, so as to establish the research starting point of this book and provide necessary enlightenment for the further formation of the following ideas. Thirdly, this chapter puts forward the research ideas, structure, research methods and innovation points of the book.

The second chapter is the basic analysis of international tax competition. First of all, it makes a historical and theoretical analysis of international tax competition. First, the historical changes of the two basic types of international tax competition are investigated. Secondly, the relationship between international tax competition and domestic tax system reform is studied. Thirdly, it analyzes the impact of international tax competition on capital, labor mobility, economic growth and income distribution. By constructing a theoretical model, the equilibrium results of the international tax competition model are derived mathematically and statically. Secondly, the book empirically tests the effect of international tax competition. Based on the OECD marginal effective tax rate model, the marginal effective tax rate as an indicator of international tax system competitiveness (in the process of calculation, corporate income tax is an important tax parameter affecting marginal effective tax rate), and its impact on China's foreign direct investment decision – making is tested. It is found that the lower marginal effective tax rate of host country is conducive to the inflow of OFDI in China.

The third chapter discusses the development of tax coordination. In view of the international tax coordination level is one of the important contents of tax system competitiveness evaluation index, international tax coordination is the inevitable development direction of tax competition in a certain stage of globalization. This chapter first makes a basic analysis of international tax coordination. First, it analyzes the influencing factors, coordination methods and economic effects of international tax coordination. Second, from the perspective of international leniency, we have learned from the experience of international tax system coordination. Third, it discusses the global governance of harmful tax competition and the external constraints of tax competition policy application. Fourth, based on the *IFS report* "two pillars", this chapter analyzes the new development of international tax coordination. Secondly, it discusses the impact of the basic development trend of international tax coordination on the construction of China's tax system.

The fourth chapter explores the concept direction of competitive tax system construction. Firstly, it studies the theories related to tax competition and tax system construction, including the theory of financial exchange, the theory of optimizing tax system, the theory of international mechanism and international tax relations. Secondly, it defines the connotation of competitive tax system. Secondly, it follows the principles of fairness, efficiency, convenience and rule of law of modern tax system, and has the following basic characteristics: first, it has the competitive advantage of cross – border tax sources in the competition for tax base in international tax competition, which is mainly manifested in the competitive advantage of effective tax burden of mobile tax sources; second, it has the characteristics of adapting to the changes of international tax rules in the competition of international tax division The main performance is that the tax system construction of economic digitization and anti tax base erosion has competitive advantages. Thirdly, it analyzes and evaluates the existing competitiveness indicators of international tax system and their limitations. Fourthly, this chapter analyzes the influencing factors of the competitive tax system, and on this basis, constructs the evaluation index system of the competitive tax system (including 5 first – class indicators and 16 second – class indicators).

The fifth chapter examines China's tax system from the perspective of competition. Firstly, from a macro perspective, this chapter argues that the imbalance of tax revenue structure and source structure leads to the heavy "tax sense" of China's enterprises, and the provision of public goods needs to be improved, resulting in the heavy "tax sense" of Chinese residents. The tax systems of typical market economy countries are compared. Secondly, from the perspective of specific taxes, from the perspective of internationalization, the value – added tax still needs to be optimized, the reform of personal income tax needs to be broken through, and the reform of enterprise income tax needs to be improved. Thirdly, from the micro point of view: first, make an international comparison from the perspective of effective tax rate; Second, the chapter compares the tax cost of enterprises in the world, and uses factor analysis method to objectively weight the tax cost of enterprises in 181 countries and areas in the world, and obtains the scores of each factor, the comprehensive evaluation score and the ranking. The comprehensive evaluation results different from the World Bank report are obtained. Fourthly, from the perspective of the construction of tax law in China, we think that the principle of tax law in China still needs to be further implemented, and the enforceability of tax law needs to be strengthened.

The sixth chapter puts forward specific suggestions on the construction of competitive tax system. This chapter mainly discusses the basic principles of competitive tax system construction, the traditional entity tax source competition and China's international tax competition strategy innovation, the emerging digital economy tax source and China's economic digital tax system construction, the change of international tax rules and China's international tax coordinated development: Firstly, the construction of a competitive tax system should first adhere to the principles of fairness and efficiency. Secondly, we should stick to the principle of tax law. In addition, we should balance the "absoluteness" and "relativity" of tax sovereignty. Secondly, from the perspective of traditional entity tax source competition and China's international tax competition strategy innovation, specifically, from the tax system structure and tax preferential policies under the target of international tax source competition, attracting high – quality foreign investment and attracting talents to improve the tax system. Thirdly, from the perspective of the emerging digital economy tax sources and the construction of China's economic digital tax system, this chapter discusses the corresponding issues to be considered in the tax system construction in China. Fourthly, it analyzes the changes of international tax rules and the coordinated development of China's international taxation.

The main innovations of this book are as follows:

Firstly, on the basis of comprehensive evaluation of the existing international tax system competitiveness indicators and their limitations, this book explores the tax system competitiveness index system in line with the characteristics of the times, and explores the five dimensions of "tax system fairness and efficiency", "effective tax burden of liquidity tax sources", "tax legalization", "system construction of economic digitization" and "international tax coordination level". This paper constructs the evaluation index system of competitive tax system (including 5 first – class indicators and 16 second – class indicators), examines China's tax system from the perspective of competitive tax system evaluation indicators, and puts forward corresponding policy suggestions for the construction of competitive tax system, which enriches and deepens the research on China's competitive tax system construction.

Secondly, the book analyzes the influence of marginal effective tax rate on China's foreign direct investment decision. This book examines the competitiveness of tax system from the perspective of marginal effective tax rate (EMTR). Based on the latest developed EMTR model developed by OECD, this book makes an empirical analysis on the impact of transnational EMTR level on China's OFDI. The results show that: the lower marginal effective tax rate of host country is conducive to the inflow of OFDI in China. In the calculation of marginal effective tax rate, enterprise income tax is an important tax parameter affecting marginal effective tax rate. In order to improve the competitiveness of China's tax system, it is suggested to reduce the marginal effective tax rate appropriately from two aspects of promoting foreign investment and attracting high – quality foreign direct investment To improve the tax system.

Thirdly, in the current international tax system competitiveness indicators, the world bank published the *World Tax Report* index data for the international comparison of enterprise tax cost, the world bank tax index evaluation score is the simple average value of each sub index score. Different from this, this book innovatively uses factor analysis method to objectively empower 181 countries and areas in the world. The tax cost of enterprises is evaluated comprehensively, and the scores of each factor, comprehensive evaluation score and ranking are obtained. The comprehensive evaluation results different from the *World Tax Report* are obtained. It provides a supplement and reference for the existing evaluation results of the world bank. This book expounds the policy suggestions to improve the business environment, reduce the tax cost and enhance the competitiveness of the tax system.

Fourthly, this book argues that the connotation and extension of modern international tax competition and competitive tax system have also undergone profound changes. In the book, international tax competition is defined as a game behavior in which the government uses tax strategy to maximize its economic interests. It holds that the competitive tax system follows the principles of fairness, efficiency, convenience and rule of law of modern tax system, and has the basic characteristics: First, it has the competitive advantage of cross – border tax sources in the competition for tax base, which is mainly manifested in the flow. The effective tax burden of dynamic tax sources has a competitive advantage. Second, in the competition of international tax division tax power, it has the characteristics of adapting to the changes of international tax rules, which mainly shows that the tax system construction of economic digitization and anti tax base erosion has competitive advantages.

Fifthly, in the part of theoretical research, this book tries to comprehensively investigate the international tax competition from multiple perspectives, combining the theoretical viewpoints of international economics, public economics and political economy, and analyzes the international tax competition in the interdisciplinary synthesis, thus expanding the research field of international tax competition.

Sixthly, the previous literature on international tax competition did not cover the changes in the current international tax system environment and institutional arrangements and the latest trends in the field of international taxation; only a few studies on international tax competition emerged recently in the field of international tax research, without systematically discussing how to be competitive in the new period based on the perspective of international tax competition and tax system construction. Based on the new forms and characteristics of the current international tax competition, this book systematically puts forward policy suggestions on the construction and reform direction of China's tax system.

Author

Nov. 2022

目　　录

第一章　引论　/ 1
　　第一节　主题与背景　/ 3
　　第二节　文献述评　/ 7
　　第三节　思路、结构与方法　/ 18
　　第四节　对相关概念与研究范围的说明：国际税收竞争、
　　　　　　国际税收协调、具有竞争力的税制　/ 24

第二章　国际税收竞争的基本透视：历史、理论与效应检验　/ 27
　　第一节　国际税收竞争的基本分析　/ 29
　　第二节　国际税收竞争效应的理论分析　/ 44
　　第三节　国际税收竞争效应的实证检验——
　　　　　　基于我国对外直接投资（OFDI）的分析　/ 56
　　第四节　国际税收竞争推动国内税制改革　/ 65

第三章　国际税收竞争的治理：从税收协调发展的视角　/ 71
　　第一节　从税收竞争到税收协调：国际税收的自治与共治　/ 73
　　第二节　国际税收协调的基本发展趋势与我国税制建设　/ 83

第四章　具有竞争力的税制建设的理念方向　/ 85
　　第一节　目标取向：建设具有竞争力的税制　/ 87
　　第二节　评价指标：具有竞争力的税制建设的标尺　/ 96

第五章　从具有竞争力税制评价指标的视角对我国税制的审视　/ 111

第一节　宏观考察：开放经济条件下税制的公平、效率程度初探　/ 113

第二节　具体考察：主要相关税种的考量　/ 123

第三节　微观考察：流动性资本、利润的税收负担　/ 130

第四节　进一步的思考：税收法治化建设　/ 149

第六章　求解与深化改革：具有竞争力税制建设的具体建言　/ 155

第一节　具有竞争力的税制建设的基本原则　/ 157

第二节　传统实体税源竞争与中国国际税收税源竞争策略创新　/ 160

第三节　新兴数字经济税源与中国经济数字化税收制度建设　/ 166

第四节　国际税收规则变化与中国国际税收的协调发展　/ 169

参考文献　/ 177

图 目 录

图1-1　世界各典型地区企业所得税平均税率变化　/5

图1-2　研究路线与逻辑框架　/19

图2-1　全球公司所得税平均税率变化　/36

图2-2　全球个人所得税平均税率变化　/36

图2-3　边际有效税率对FDI规模的影响　/55

图2-4　样本国家2005年与2016年的边际有效税率　/57

图2-5　全球企业所得税率和个人所得税最高累进税率　/66

图2-6　高收入、中等收入、低收入国家的企业所得税税率　/66

图2-7　2018年全球公司所得税法定税率分布　/67

图3-1　区域性税收协调政策的社会福利效应　/78

图5-1　不同征税环节的税基与纳税人　/116

图5-2　OECD国家税收收入结构变化趋势　/122

图5-3　我国企业所得税收入占税收收入比重变化　/126

图5-4　我国纳税指标分指标情况　/136

表 目 录

表 2-1　OECD 成员国公司所得税税率变化　/36
表 2-2　居民国与东道国税收对国际投资的影响　/55
表 2-3　变量、资料来源与概述　/58
表 2-4　变量的描述性统计　/59
表 2-5　引入 EMTR 的系统 GMM 回归结果　/60
表 2-6　稳健性检验　/62
表 2-7　替换变量稳健性检验结果　/63
表 2-8　2018 年地区或集团公司所得税率　/67
表 3-1　区域经济一体化阶段及特点　/75
表 4-1　OECD 国家税收竞争力指数排名　/98
表 4-2　具有竞争力的税制评价指标体系　/102
表 5-1　2019 年中国税收收入结构　/118
表 5-2　不同类型税制结构国家分布情况　/119
表 5-3　2018 年我国税收来源结构　/120
表 5-4　2005—2017 年部分国家资本边际有效税率　/132
表 5-5　2005—2017 年部分国家资本平均有效税率　/133
表 5-6　我国税收营商环境指标的国际比较　/137
表 5-7　税收营商环境指标的描述性统计分析　/138
表 5-8　KMO 和 Bartlett 的检验　/139
表 5-9　公因子方差　/139
表 5-10　解释的总方差　/140
表 5-11　旋转成分矩阵　/141

表 5-12　成分得分系数矩阵　　/141

表 5-13　税收营商环境综合得分及排名　　/143

表 5-14　我国分税种立法进程与收入规模　　/152

表 6-1　国家（地区）税收协定数量比较　　/172

表 6-2　2017—2019 年自动信息交换的发展　　/173

第一章

引 论

第一节 主题与背景

当今世界正处于第四次工业革命的开端,随着信息技术与数字经济的快速发展,我国面临着在前沿科技,特别是在数字化、智能化、网络化技术发展和科技领域的激烈竞争。国家之间对资本、人才等生产要素的竞争日益激烈。随着全球价值链、供应链的深入发展,国家之间对利益的分配更加关注,围绕全球贸易投资规则制定权的竞争也更加激烈。

从长期经济发展的角度看,经济增长是世界各国制定政策时关注的要点,面对不断变化的全球经济格局与结构调整,各国政府纷纷加强工业政策的力度,已形成共识:结构转型需要积极的政策促进向生产率与附加值更高的新部门过渡,同时促进包容性与可持续性发展。未来我国将面临双重竞争的挤压:一方面,国内产业对外转移产生负面影响。越来越多的发展中国家实施开放发展战略,随着比较优势转换,中国将会面临来自发展中国家日益增强的竞争与挑战。另一方面,中国与发达国家的竞争合作关系发生变化,贸易投资摩擦将会长期存在并逐步增强。随着中国在全球生产价值链中地位的不断提升,中国与发达国家的关系逐渐由互补转为竞争。

从短期经济周期波动的角度看,大国博弈及疫情等因素使世界税收和经济发展的不确定性增强。随着货币政策逐步恢复正常,财政政策的运用变得更为重要,很多国家通过放松财政政策以刺激经济。而财政政策很大程度上通过税收政策来实现。财政收入的主要来源是税收,税收收入要不断满足日益增长的财政支出需求。财政压力使各国打击国际避税的需求加大,尤其是跨国公司利用一套复杂的技术,将利润由高税率地区转移到低税率地区,减少纳税是其保持自身竞争力的一种方式。各国对于跨境税基侵蚀与利润转移行为的打击将进一步加强,国家之间对跨国公司的账面利润展开竞争。

习近平总书记强调，"着力发展开放型经济，提高现代化经济体系的国际竞争力"①。在开放经济的环境中，要始终把提高国家竞争力作为一国的重要战略目标。根据哈佛大学商学院教授迈克尔·波特（Michael E. Porter）提出的国家竞争优势理论，一个政府的首要任务是创造一个生产率提升的良好环境。政府可利用多种手段参与国际竞争，如产业政策、移民政策、外汇政策、贸易政策等。税收政策运用是提高国家竞争优势的重要手段：可通过对总供给和总需求、对生产要素的影响提高一国在全球市场上的竞争力。税收管辖权是一国经济主权的重要组成部分，税收政策运用是国家宏观经济政策运用的重要方式，并对他国产生溢出效应。国际税收竞争是一种"竞争"行为，根据《新帕尔格雷夫经济学大辞典》②的定义，凡两方或多方力图取得并非各方均能获得的某些东西时，就会有竞争。国际税收竞争是开放经济条件下国家间税收关系的重要表现形式，建设具有国际竞争力的税收制度是我国适应外在环境与内在税制结构优化主动与被动的必然选择。

国际规则制定权是全球经济治理体系中一国国际影响力的重要体现。各国在争夺规则制定的主导权或争夺有利于本国利益的规则条款方面进行竞争。在全球产业链和价值链动态变化的过程中，各国都努力争取将更多的税收收入留在本国。随着一些国家经济发展水平和发展阶段的变化，其在全球产业链和价值链中的地位也发生了变化。在此背景下，各国在税收利益分配中寻求有利于将更多的税收收入留在本国的规则。当税收协调与合作给各国带来的税收总量保持在一定水平时，对税收增量的争夺将会成为各国的重要目标，也会成为影响规则制定的重要因素。《BEPS 行动计划》发布于 2013 年，于 2016 年付诸实施，包括 15 项行动计划以及金融账户涉税信息自动交换。2019 年应对经济数字化的

---

① 习近平：《深刻认识建设现代化经济体系重要性 推动我国经济发展焕发新活力迈上新台阶》，《人民日报》2018 年 2 月 1 日。

② ［英］约翰·伊特韦尔主编：《新帕尔格雷夫经济学大辞典》，经济科学出版社 1996 年版。

"双支柱"方案发布。《BEPS 行动计划》除第一项应对经济数字化税收挑战之外,其他部分主要是对现有国际税收规则零敲碎打的修补性调整。国际税收规则的实质性改革将主要体现在对经济数字化问题的改革。

2017 年 12 月 23 日,美国总统特朗普签署《税收和就业法案》,标志着近 30 年美国最大的一次税制改革正式实施。美国税改法案体现了提高本国税制竞争力和吸引海外利润回流的政策意图,其主要政策措施包括:企业所得税率的调整由 35% 降低至 21%,缩减个人所得税课税层级,提高遗产税扣除标准等。美国边际税率的急剧下降对全球资本流动和投资流向立即产生了影响,并引发了新一轮全球税制改革与减税浪潮,国际税收竞争程度骤然提升。尤其表现在公司所得税税率的逐底竞争愈演愈烈。如英国、德国、意大利、日本等国的公司所得税税率(包括中央和地方)分别由金融危机前的 30%、38.9%、37.25%、39.54% 降至 2019 年的 19%、15.8%、24%、23.2%。英国政府于 2020 年将企业所得税税率下调至 17%;法国政府将企业所得税税率降至 25%(见图 1-1)。

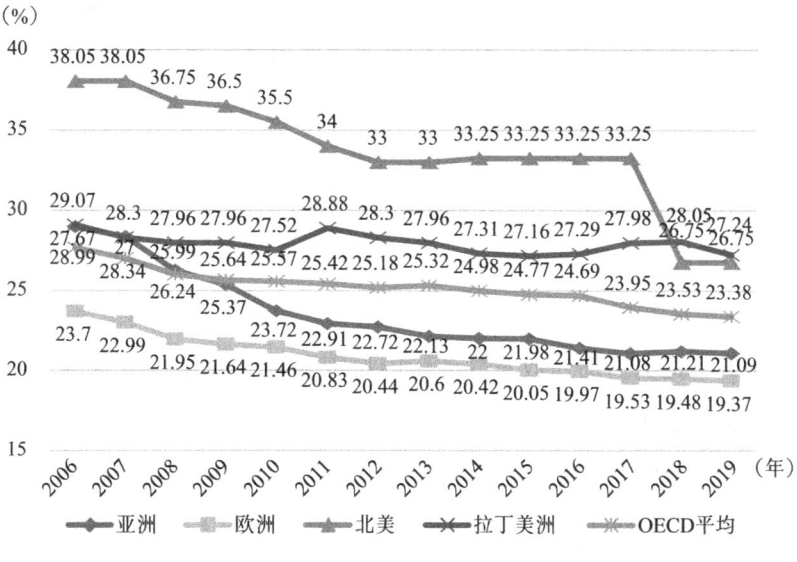

图 1-1 世界各典型地区企业所得税平均税率变化

资料来源:KPMG. Corporate tax rates [EB/OL]. (2019.9.19) [2020.1.20]. https://home.kpmg/xx/en/home/services/tax/tax-tools-and-resources/tax-rates-online/corporate-tax-rates-table.html.

我国"十三五"规划纲要提出要坚持统筹国内、国际两个大局的原则，完善对外开放战略布局，全面推进双向开放，加快培育国际竞争新优势。党的十九大提出了开放经济时代的新思想与新战略；十九届四中全会提出"建设更高水平开放型经济新体制"；党的二十大报告指出要"坚持高水平对外开放，加快构建以国内大循环为主体、国内国际双循环相互促进的新发展格局""着力推动高质量发展"。2017年1月12日，国务院发布《国务院关于扩大对外开放积极利用外资若干措施的通知》（国发〔2017〕5号），第一次授权地方政府出台招商引资优惠政策，明确了当前和今后一段时期中国利用外资工作的政策导向。2017年8月8日，再次发布针对外资的《国务院关于促进外资增长若干措施的通知》（国发〔2017〕39号），提出了22条指导性措施，涉及吸引外资的多个方面，提出制定财税支持政策的内容。2017年12月21日，国家发展改革委、财政部、税务总局、商务部联合印发《关于境外投资者以分配利润直接投资暂不征收预提所得税政策问题的通知》（财税〔2017〕88号），规定境外投资者从境内居民企业分配的利润用于直接投资特定投资项目，凡符合规定条件的实行递延纳税政策，暂不缴纳预提所得税。随着这几个文件的颁布，新一轮的吸引外资措施将带来新一轮吸引外资和招商引资的新高潮。2018年《个人所得税法》修正案通过。2019年9月正式启动基于CRS（共同申报准则）的税收信息交换，且修改了《外商投资准入负面清单》，规定将境外投资者以分配利润直接投资暂不征收预提所得税税收优惠措施的适用范围进一步扩大。2019年我国为加速放宽外商境内投资限制、深化"放管服"、改善营商环境等进行了一系列结构性改革。2019年，《外商投资准入负面清单》中的受限制条目进一步缩减，从全国范围来看减至40条，在自由贸易试验区范围内减至37条。2019年，中国政府又批准新设了6个自贸区，中国的自贸区总数达到了18个，一系列新的税收优惠政策也随之提出。

在当前的国际经济和政治形势下，要把握新时代"统筹国内国际两个大局"的新内涵,把握国际税收竞争新趋势对我国税制建设的要求。因此,急需研究国际税收竞争新形势对于我国税制建设的要求及税收政策手段的运用对经济的影响,从而使税制建设更好地服务于新时期国家经济发展战略的总格局。为此,本书提出了以下四个问题:第一,新时期应如何加深对国际税收竞争及其趋势的理解?第二,什么样的税制是具有竞争力的税制?第三,从竞争视角审视我国税制尚存在哪些不足?第四,当前我国应如何进行税制建设以取得国际竞争优势?本书以国际税收竞争背景下我国具有竞争力的税制建设为主题,围绕上述四个相互联系、依次递进的问题,从多层次、多角度展开论述。以上问题对于我国经济发展战略、国际税收战略的实施,乃至在全面深化改革的总格局中都有着重要意义。已有的研究成果为我国具有竞争力的税制建设提供了可借鉴的经验,然而,在国际税收竞争的新趋势下,需要进一步明晰当前国际税收竞争的基本特征。以往关于税收竞争的文献资料,往往没有涵盖当前经济发展及国际税收领域的最新动向;近期涌现的国际税收研究领域的文献中只有为数不多的关于国际税收竞争方面的研究,且仅就如何建设具有竞争力的税收制度提出了方向性的政策建议,并不系统、具体。本书的研究一方面具有重要的实用价值,另一方面对已有的理论研究也有一定程度的贡献。

第二节 文献述评

一、国际税收竞争的理论研究

20世纪80年代中后期以来,随着全球化的深化,各个国家政策的外部性影响程度逐渐加深。国际税收竞争问题已成为公共经济学最重要的研究主题之一。国际税收竞争的竞争主体是主权国家或地区，其本质是一种竞争行为。《新帕尔格雷夫经济学大辞典》中将竞争界定为"双方或者多方力图取得非各方均能取得的利益"。哈佛大学商学院教授Michael E. Porter提出的国家竞争优势理论认为，一国政府的首要任务是创造一个生产率提升的良好环境。政府可利用多种手段参与国际竞争，如产业政策、移民政策、外汇政策、贸易政策、主权财富基金投资政策等，国际税收竞争则是政府运用税收提高国家竞争优势的重要手段之一。

20世纪80年代之前，外国财税理论界所研究的税收竞争问题只基于封闭经济中地方政府之间。Tiebout（1956）首次提出税收竞争模型：居民在地方政府间迁移寻求最佳的公共产品消费与税收价格组合，均衡时达到帕累托最优。Oates（1972）进一步将理论延伸为地方政府吸引流动性厂商的竞争。Breton（1975）考虑了税收竞争的两种形式：一是对生产要素进行竞争；二是地方对于中央所分配的财政资源进行竞争。

20世纪80年代中后期到90年代初，随着全球化的深化，财税理论界被称为经典税收竞争模型的理论发展起来。其中有代表性的是以下学者提出的税收竞争模型：Zodrow和Mieszkowski（1986）；Wilson（1986，1991）；Wildason（1989）；Bucovetsky和Wilson（1991）；Razin和Sadaka（1991）；Bucovetsky（1991）等。总的来说，这些经典税收竞争模型都有两类基本前提假设：一是关于国内市场条件的；二是关于税收关系的。经典税收竞争模型所得出的结论存在一些共性：其一，对称的国际税收竞争将导致公共产品提供不足（Keen和Konrad，2013；Wilson和Wildasin，2004）；其二，不对称的国际税收竞争中小国是赢家；其三，国际税收竞争会带来资本、劳动要素税负分布的改变（Smith，1976；Wibbels和Arce，2003）；其四，国际税收协调使各国福利变化不一致，在无法实施帕累托补偿的情况下，达成共识面临困难。

20世纪90年代中期后，经典国际税收竞争模型得到了进一步的发展，理论的假设前提越来越贴近现实，代表性的研究包括如下几个方面：

其一，国际税收竞争对宏观经济的影响。Razin 和 Yuen（1999）综合运用税制优化理论与内生增长理论研究了国际税收竞争对一国长期经济增长率的影响，结论表明：不论在税收竞争还是在税收协调条件下，税收优化政策导致各国经济增长率趋同。

其二，国际税收竞争对国际直接投资的影响。20 世纪 90 年代前有相当比重的研究认为税收对国际直接投资的影响不大，然而 90 年代后越来越多的研究认为这一影响不可忽视（Devereux 等，2008；Redoano，2008；Davies 和 Voget，2008；Heinemann 等，2010；Edgerton，2010；Leibrecht 和 Hochgatterer；2010；Wildasin，2011；Overesch 和 Rincke，2011；Brys 等，2011；Dawid 等，2014；Brulhart 和 Schmidheiny，2015；Altshuler 和 Goodspeed，2015；Peter Egger 和 Horst Raff，2015）。Peter Egger 和 Horst Raff（2015）的研究表明，政府在制定税率和税基时均存在战略互动以竞争外国直接投资。适度地对外商直接投资采取税收激励给国家带来正的福利效益（Keen，2001；Wilson，2005；Bucovetsky 和 Haufler，2006）。此外，来自一部分经济学家的观点认为：国家间的税收竞争可以约束政府扩大财政的内在动机，使政府以最小成本为企业创造良好的投资环境，促使"小政府"的形成（Sibert 和 Koop，1993；Tsilly Dagan，2017）。

其三，国际税收竞争对公共投入的影响。将公共支出区分为两类：一是公共投入，直接改善本辖区的投资环境，提高资本的生产力；二是公共产品，其主要受益者是本辖区居民。Keen 和 March（1997）假设仅资本具有流动性，税收竞争使政府更关注公共投入，从而挤占公共产品。而 Matsumoto（2000）假设劳动力也具有流动性，且劳动力与资本具有互补性，那么增加公共产品的投入就会吸引更多流动性税源。

综上所述，以上国外理论研究为我们提供了多维度的分析视角，国际税收竞争的不同博弈结果既与参与国家的国情特征、资源禀赋有关，又与不同的外部条件相关，为加强对国际税收竞争的认识奠定了良好的基础，而国内税收理论界对其进行模型构建与量化分析尚有欠缺。

二、国际税收竞争效应的实证研究

（一）国际税收竞争与外商直接投资（FDI）流动

作为"资本、技术、营销、管理的结合体"（Cheng 和 Kwan，2000）的外商直接投资是推动经济增长的重要引擎（钟昌标，2010）。发展中国家和发达国家均将吸引外商直接投资作为促进本国经济发展的重要政策措施。不同类型政府对外商直接投资的基本政策不同：亲资本型政府倾向于最大化资本全球收益，相对漠视本辖区资本规模；而亲劳动型政府热衷于吸引资本流入本辖区内，因为劳动者工资增长依赖于辖区生产性资本规模（Razin 和 Yuen，1997）。

20世纪90年代之前的研究一般认为税收对外商直接投资流动的影响非常小。然而90年代以后的研究则持不同观点。归纳来说，此类研究有两类不同倾向的观点：一类研究认为，随着国际上对资本流动管制的普遍放松以及其他阻碍资本流动的体制性障碍的减少，国家间税制差别被认为是影响国际流动性资本的重要因素，运用税收政策可吸引流动性资本，尤其是外商直接投资成为国际税收竞争的重要方式。Slemrod（1990）认为虽然美国的有效税率对外商直接投资流动的规模具有负效应，但外国税率对流入美国外商直接投资的影响并不显著。Devereux 等（2006）的研究发现，母国和东道国的税收差异因素并不能影响投资者是在国内还是在国外投资的初始决策，而仅对区位决策有影响。Bellak等（2009）的研究发现，在对双边外商直接投资流入总资本和双边有效税率（BEATR）进行回归的模型中，税收和基础设施水平是吸引外商直接投资的重要区位因素。总体来说，这些研究的结果可以概括为：税收对外商直接投资内流有显著影响，而对外商直接投资外流影响不大。

另一类研究认为,母国与东道国间的税制差别对外商直接投资流动的影响是显著的,同时影响外商直接投资的外流与内流。其中具有代表性的是 Gropp 和 Kostial(2000)的研究,其认为法定税率平均每提高10%,则会减少0.3%的外商直接投资内流,同时增大0.2%外商直接投资的外流,即税收对外商直接投资的内流和外流均有显著影响,其中,对外商直接投资内流的影响比对外商直接投资外流的影响更大。国内学者刘穷志(2017)通过实证研究也证明了辖区内税负与资本外流正相关,表明税负越重,资本外流越严重。上述研究大多是考察税收制度的总体特征,特别是税率对外商直接投资的影响。传统的研究也认为与特定的税收激励相比,东道国的总体税收制度特征对外商直接投资有更大的影响。然而外商直接投资一般也会受到特定税收激励政策,如税收减免期限、折旧政策等的影响,尤其是资源导向型的短期投资更容易受到税收激励的特定影响。综上所述,随着经济全球化的不断发展,税收对外商直接投资的影响更加显著。

(二)国际税收竞争对收入分配的影响

税收竞争对收入分配的影响主要有两种机制:效率机制和补偿机制。

效率机制强调税收竞争对政府财政能力的影响。Srensen(2004)通过一般均衡模型实证检验了不受约束的财政竞争会引发政府高水平的基建支出以及低水平的资本税收和再分配水平,不仅影响公共产品的提供,也加剧了收入不平等。Hines(2006)反对效率机制,认为税收竞争对总体税收的影响较小,但通过刺激流动性要素进入,扩大了国家经济规模,反而能强化财政能力。Batina(2012)同样认为税收竞争能够带来流动资本的持续流入,从而提高国内工资水平和储蓄水平,并由此为社会保障项目提供更多资金改善收入分配。Rehme(2014)认为政府再分配数量取决于投资环境优势和竞争对手的税收政策。由于大量资本从辖区外流入,更多资源可以用于再分配,同时经济增长也可以保持在较高水平之上。

补偿机制则强调，中间选民往往是收入水平偏低、主要获取劳动收入的人群，他们会通过政治过程要求政府提供更高的社会保障和福利水平，以补偿其在全球化进程和税收竞争中蒙受的损失。Bretschger 和 Hettich（2002）用 1967—1996 年 14 个经济合作与发展组织（OECD）国家数据发现了税收竞争同时导致了效率效应和补偿效应。他们观察到实施税收竞争的国家提升了劳动所得税率以作为对资本所得税的替代，同时增大公共支出水平作为对劳动人群的补偿。Genschel 和 seelkopf（2016）认为，前人对于效率机制和补偿机制的研究忽略了国家规模对税收竞争的作用。税收竞争可能会增加小型国家的财政收入，并降低国民对福利和社会保障的需求，在这种情况下效率机制和补偿机制都不起作用。

在国际税收竞争的影响下，国家（地区）对资本课征较低税负而由劳动力承担较高税负的现象，也易引发将劳动所得通过筹划转化为资本所得的避税现象。有学者认为，最优税制设计应是对高收入阶层的劳动和资本所得课征相同的边际税率；对低收入阶层的劳动所得适用较低税率，资本所得适用较高边际税率（Fuest 和 Huber，2001）。然而这在实践中很难得以实施。

一般而言，具有高收入的劳动力的流动性更高。20 世纪 90 年代以来，一些学者就税收因素对劳动力在美国各州之间流动的影响作用进行了研究。高收入人才更大程度地受税收因素的影响，为了吸引高素质与高技能人才，美国各辖区努力将本辖区个人所得税的最高边际税率控制在不高于其他州的水平上（Tanzi，1995）。然而考虑到其他诸如文化、政治等增加劳动力跨国流动成本的因素，如将这一结论推广至全球范围仍值得商榷。因此，传统研究结论"应对资本课征低税，而对劳动课征高税收"的观点应得到进一步改进，即对流动性较强的资本和高收入人才均应实行低税率。

(三) 国际税收竞争对创新的影响

税收竞争对创新的影响主要可以分为两类：一类是税收对企业创新投入的影响，通常以 R&D（科学研究与试验发展）投入表示；另一类则是研究税收对创新产出，如新产品和专利的影响。总体来说，实证研究结论皆表明税收竞争有利于促进 R&D 投入和产出（Bloom 等，2002；Rao，2016）。即使考虑空间溢出效应后，影响依然显著，但一个地区的 R&D 税收减免会同时降低其他地区的 R&D 水平，针对创新活动的税收竞争同样体现出零和博弈的特征（Wilson，2009）。Atanassov 等（2015）认为，税负下降能够显著提高企业创新产出的数量和质量，而税负增加带来的负向影响不显著，提出税收减免增加了企业可用于创新活动的资源，而不需要把资源耗费在避税行为上。Mukherjee 和 Singh（2017）的研究得出了不同的结论：企业所得税的上升会降低企业的创新能力，而税率下降对企业创新的促进作用非常有限。其验证了多种企业所得税对创新活动的影响途径：第一，研究考虑了存在税收和职业选择的内生增长模型，发现税率上升使更少创新者选择从事创新活动；第二，研究发现较高的累进税率削弱了企业从事风险高的研究活动的倾向；第三，研究发现税收负担导致企业形成了不利于创新的融资结构。

(四) 国际税收竞争对宏观经济的影响

税收影响增长的路径一般可归纳为以下两方面：第一，税收吸引劳动、资本等生产要素；第二，税负下降促使企业更多地进行创新等风险活动。Cheng 等（2017）研究了我国地区竞争中税收对经济增长的影响，发现资本税率表现出逐底竞争的特征。劳动和资本所得税率下降都会显著促进经济增长。税收竞争可能对经济增长有促进作用。此外，税收竞争在一定程度上减少了税收对劳动、资本供给的扭曲，并降低了全球资本配置无效率的程度。如 Lee 等（2005）利用 1970—1997 年 70 个国家的面板数据，发现公司所得税率下降 10% 将使经济增速上升 1.1%—1.8%。

税收竞争对经济波动的影响如下：一是所得税作为自动稳定器的重要政策手段，对于一国的经济短期波动及其治理具有重要意义。如果一国的所得税收入规模因税收竞争而降低，则会削弱税收发挥自动稳定器的功能。在经济下行或经济萧条阶段，税收竞争对财政自动稳定的负向效应更显著（Chirinko 等，2017）。二是在全球化的背景下，国内经济与国际经济的联系更加紧密，如果国家间进行税收竞争，由于存在财政外部性，不可避免地会对其他经济体产生影响。税收竞争使国际经济波动更容易向国内经济传导。三是由于税收竞争会促进企业的负债行为，因此，很可能会加剧经济波动。总的来说，税收竞争会加大国家的经济波动。

三、国际税收协调研究

税收协调本不是一个"年轻"的课题，可对于它的争论尚未停止，西方对于税收协调的研究曾经历了很大的分歧。各位学者从不同的学术价值观出发，设定了不同的前提假设，通过数学推理，得出不同的结论及政策建议。可以说，正是在争论中，对于税收协调的认识经历了由肯定到否定再到否定之否定的不断深入全面的过程。

早在亚当·斯密和大卫·李嘉图的贸易理论中已蕴含了税收协调的思想。税收协调的理论与实践经历了由关税协调逐渐发展到直接税协调的过程。Jacob Viner（1950）最早提出了关税协调理论，即关税同盟理论。该理论分析了关税协调对于参与各国所产生的经济效应。早期典型的直接税协调理论有马斯格雷夫（1996）提出的资本输入中性和资本输出中性理论。早期的直接税的税收协调理论主要是伴随着税收竞争理论而发展的，关于税收协调往往在研究税收竞争理论的结论中予以论述。

此外，著名学者 V. Tanzi（1999）提出了建立世界税收组织的设想。Brueckner（2000）提出对公共服务偏好的政府倾向于税收协调。Baldwin 和 Krugma（2000）认为大国因提供更好的公共服务而对资本征收较高的税收，被称为"特定区位租金"，税收协调会降低所有国家的福利水平。Fuest 和 Huber（2001）从公共选择理论中的选民理论得出税收协调难以得到政府的支持。对于税收协调模式的研究，有代表性的是 James 提出的四层次协调模式，分别为：无协调状态的缓和模式，部分协调模式，名义协调模式及财政联邦制模式。综上所述，西方学者对国际税收协调进行了多角度的研究，重点在于对税收竞争与协调的研究（即直接税协调的研究），以及税收协调的方式。

在已有的国内研究中，靳东升和龚辉文（2008）在其专著《经济全球化下的税收竞争与协调》①中对经济全球化背景下的税收竞争与税收协调问题作了初步研究。邓力平（2009）则主要从税收竞争的研究出发，从而给出税收协调的政策建议。樊丽明（2005）提出税收协调按照从间接税到直接税的顺序逐步深化，协调机制由刚性到弹性发展。此外，国内学者专门进行了对于欧盟与中国-东盟自由贸易区的区域税收协调的研究，如刘馨颖（2008）及常世旺（2008）等学者的研究。汤贡亮（2012）在《中国国际税收发展报告 2012——中国国际税收发展战略研究》中介绍了我国税收协定的发展。杨志勇（2015）从短期和长期角度对服务于"一带一路"建设的财税政策进行了大致的设想，其中提出了对税收协调政策的完善。何杨（2017）分析了国际税收规则变革中我国的应对策略，并提出当前国际税收协调的发展趋势：由国际税收协定在征税权的协调逐步深入到国内具体税制的协调。概括来说，较之西方的研究，国内的研究起步较晚，且规范研究多，实证研究少；定性描述多，定量描述少；在研究方法上，概括归纳多，推理演绎少。

---

① 中国税务出版社 2008 年版。

四、具有竞争力的税制建设研究

"橘生淮南则为橘，生于淮北则为枳"，具有竞争力的税制建设没有唯一的"最佳方案"，不可能千篇一律、定于一尊。我们需要借鉴其他国家对于具有竞争力的税制建设的研究成果，更需要结合本国具体的经济发展水平和总体发展目标、政策重点、社会偏好。经济决定税收，税收制度改革不可能脱离国情一蹴而就，还要受到诸多条件的限制，我国仍然是发展中国家这一基本国情没有变化。因此，下文主要选取了两类研究予以综述：一类是对国家（地区）间税制评价与比较的税制竞争力报告，这类报告选取的是具有横向可比的单一指标或综合指标，将于第四章详细讨论；另一类是国内对于我国具有竞争力的税制的研究，此类研究是基于我国基本国情的研究。

对于第二类研究，具有竞争力的税制概念的核心为"竞争力"，而"竞争力"的定义很广泛，有微观层面企业的竞争力、中观层面产业的竞争力以及宏观层面国家的竞争力。将"竞争力"引申到税制中对"具有竞争力的税制"进行界定，对什么样的税制是具有竞争力的税制以及怎样建设具有竞争力的税制，财税理论界各抒己见尚未形成共识，主要形成了以下几种代表性的观点：一是从税制要素，主要从法定税率与有效税率的角度考察税制竞争力；二是从符合现代税收原则的角度界定具有竞争力的税制；三是从适应国际税收规则的角度考察税制竞争力；四是从具体税种优化的角度论述如何建设具有竞争力的税制。具体如下：

戴悦（2019）考察了在过去30年内，美国提高税制竞争力的改革集中体现在降低税率和深化税收优惠（降低边际有效税率）两方面。刘剑文（2017）认为在国际竞争力的问题中，"税率"问题很重要，一个税制是不是好的税制，要看它是否适合于本国国情，是否有利于一个国家的经济社会发展。一个好的税收制度在国际上一定是有竞争力的。

Jack M. Mintz（2005）认为：最具竞争力的税制是具有效率、公平和简化的税制，它对经济的损害最小，主要表现为低税率、宽税基，使税制的扭曲最轻。靳东升和龚辉文（2007）认为税制竞争力是税制在吸引国际经济资源、促进国内企业和产品参与国际竞争等方面具有竞争力，并将影响税制竞争力的因素概括为六个方面。罗秦（2009）则更进一步将税制竞争力界定为能够促进本国经济在国际经济竞争中具有比较优势，提高国家竞争力的能力。

国家税务总局税收科研所课题组（2010）从广义和狭义的角度界定了财税制度竞争力，从广义角度讲，财税制度竞争力是一国（地区）政府运用财税政策促进本国（地区）经济持续有效快速发展和提高国民福利水平的能力。财税制度的竞争力主要包括：财税制度吸引生产要素（经济资源）的能力，包括吸引外资、吸引人才、吸引企业总部或地区部门等能力；财税制度促进本国经济活动的附加值提高的能力，促进产品和劳务的出口和对外投资的能力；财税制度的国际协调能力；财税制度的宏观调控能力；财税制度的可持续发展能力；防范和应对风险的能力；财税制度的管理能力。

何杨（2012）认为建设"富有竞争性的税制"一是要设计一个符合现代税收原则的税制。越符合现代税制效率、公平与简便原则的税制，越是最具有竞争力的税制。税负最轻的税制应该就是最有竞争力的税制。二是要能够把握税收中性与非中性的有机结合。三是要特别适应经济全球化与对外开放形势的要求，特别要强调避免因倡导或提高税制竞争力而形成或加剧经济贸易摩擦。此外，有的学者从具体税种，如何杨（2007）从个人所得税制度优化的角度，安体富和王海勇（2007）、朱青（2012）、尹音频（2011）从企业所得税制度优化的角度，何杨（2019）、陈琍（2019）、李旭红（2019）从经济数字化下增值税优化的角度探讨如何提升我国税制竞争力等。以上观点各有侧重，对税制竞争力的研究颇有启迪与参考作用。

迄今为止，西方经济学界对国际税收竞争的研究成果颇丰，而国内的相关论述多少有些零散，讨论的视野也基本停留在税制建设的某一层面。相对于其他方面的改革举措而言，我国对于国际税收竞争及进行具有竞争力的税制建设尚处在探索和完善阶段；相对于其他的研究，不仅在理论上，而且在实践层面上，都远非是充分的。

第三节 思路、结构与方法

一、研究思路与结构

前文以较大的篇幅考察了国际税收竞争已有的研究，目的一方面在于确立本书研究的起点；另一方面，也是更为重要的，是为本书研究思路的进一步形成提供必要的启示。迄今为止，西方经济学界对国际税收竞争的研究成果颇丰，而国内的相关论述多少有些零散，讨论的视野也基本停留在税制建设的某一层面。尝试提供国际税收竞争背景下我国具有竞争力的税制建设与改革的全景图是本书的研究目的。

本书的研究将按照如下思路展开（见图1-2）。

第一章是引论。首先介绍了本书的研究主题与背景。其次，对已有的研究进行综述，对国际税收竞争、具有竞争力的税制建设和国际税收协调已有的文献进行总结和评述，由此确立本书的研究起点，也为下文思路的进一步形成提供必要的启示。最后，提出了本书的研究思路、结构与方法。

第二章分别从历史分析、理论分析、实证检验三个层面出发，深入探讨了国际税收竞争理论，并对国际税收竞争的效应进行实证检验。首先，对国际税收竞争的历史变迁进行考察，包括对划分税权与争夺税基两种类型的国际税收竞争发展演变分析。其次，考察了国际税收竞争与

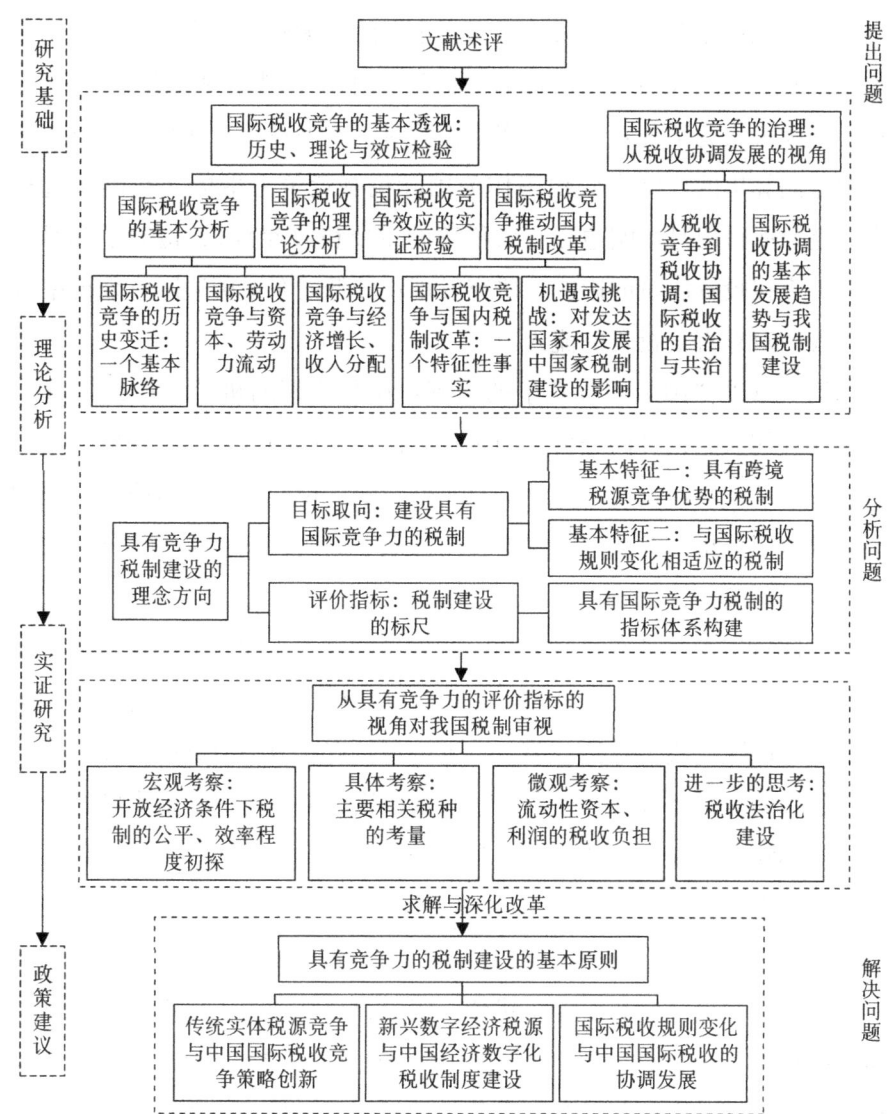

图 1-2 研究路线与逻辑框架

税制建设的理论基础。通过构建理论模型,对国际税收竞争模型的均衡结果进行数理推导并进行比较静态分析。结论表明:政府应通过调整企业所得税政策以满足跨国公司参与约束来参与国际税收竞争,大国的最佳反应函数斜率为正。如果贸易成本足够小而国家规模足够大,边际贸易成本的增加会提高各国的均衡企业所得税率,并降低均衡折旧免税额;国家规模相对差距越大,将提高小国的均衡税率并降低大国的均衡税率,同时提高大国的均衡折旧免税额并降低小国的均衡折旧免税额。在对国际税收竞争的效应进行实证检验时,本书基于OECD边际有效税率模型测算出的边际有效税率作为国际税制竞争力指标(在测算过程中,企业所得税是影响边际有效税率的重要税收参数),检验了其对我国对外直接投资决策的影响。研究发现:较低的东道国边际有效税率有利于我国对外直接投资的流入。

第三章以"国际税收竞争的治理:税收协调的机遇与挑战"这一视角作为切入点,具体分析了国际税收协调的影响因素、协调方式与经济效应。从税收协调政策对社会福利的影响、税收协调制对收入分配的影响进行了分析,并从国际宽宏视角汲取了间接税和直接税国际税收制度协调的经验。

第四章探索了具有竞争力的税制建设的理念方向。第一,考察了税收竞争与税制建设相关的理论,主要包括财政交换论、优化税制论、国际机制与国际税收关系论。第二,界定了具有竞争力税制的内涵:遵循现代税制的公平、效率、便利、法治的原则,并具有以下基本特征:一是在国际税收争夺税基的竞争中具有跨境税源竞争优势,主要表现为流动税源的有效税负具有竞争优势;二是在国际税收划分税权的竞争中具有与国际税收规则变化相适应的特征,主要表现为经济数字化和反税基侵蚀的税收制度建设具有竞争优势。第三,分析评价了已有国际税制竞争力指标及其局限性。第四,对具有竞争力的税制的影响因素进行分析,并在此基础上构建了具有竞争力的税制的评价指标体系。

第五章从竞争视角对我国的税制进行审视。第一,从宏观角度考察,本书认为我国税收收入结构和来源结构的失衡导致了我国企业"税感"较重,且公共产品提供有待完善,并考察了典型市场经济国家的税制进行比较。第二,从微观角度考察,将企业的纳税成本进行国际比较,应用因子分析法进行客观赋权,对全球181个国家企业纳税成本进行综合评价,得出各因子得分、综合评价得分及排名情况,且得到了与世界银行报告不同赋权的综合评价结果。第三，从具体税种的角度考察，从国际化角度来看，增值税仍需优化，个人所得税改革有待突破，企业所得税改革有待完善。第四，进一步从我国税收法治建设的角度思考，认为我国的税收法定原则仍需进一步落实，税收法律的可执行性有待加强。

第六章从求解与深化改革的角度提出了具有竞争力税制建设的具体建言。主要从具有竞争力税制建设的基本原则、建设与国家治理相匹配的现代税制、建设具有跨境税源竞争优势的税制、建设与国际税收规则变化相适应的税制四个层次进行论述。第一，具有竞争力的税制建设首先应坚持公平与效率原则；其次，应坚守税收法定原则；此外，还要进行税收主权"绝对性"与"相对性"的平衡。第二，建设与国家治理相匹配的现代税制，建设更好地促进国家经济治理的现代税制；同时，应建设更好地促进国家社会治理的现代税制，并以结构性减税推动供给侧改革。第三，从建设具有跨境税源竞争优势的税制的角度来考虑，具体来说，从吸引高质量外商投资和吸引人才两个方面进行税制的完善。第四，从建设与国际税收规则变化相适应的税制的角度，分别从数字经济化与国内税法的衔接、反税基侵蚀制度的建议、提升我国对国际税收规则制定的影响力三个方面论述了我国进行税制建设相应需要考虑的问题。

二、研究方法

本书在研究方法上力争做到多样化，采用了理论与实践相结合、定性分析与定量研究相结合、实证分析与规范分析相结合以及比较分析的研究模式，并突出重点研究方法和工具的使用。以理论推导为基础，以实证分析作为连接理论与现实的桥梁，力求理论联系实际，丰富和深化对于理论的研究。具体分析方法如下：

第一，理论与实践相结合的方法。在理论方面，本书梳理和分析国际税收竞争与协调理论、具有竞争力税制建设相关的经典理论，对主要观点进行总结归纳。在充分掌握现有的研究成果的基础上对新时期的国际税收竞争、具有竞争力的税制进行文字逻辑论证、理论模型分析和数理推导论证。在实践方面，全方位、多渠道获取数据，并借鉴了国际税收协调已有的实践经验。

第二，定性分析与定量分析相结合的方法。本书在探讨国际税收竞争的新趋势、什么样的税制是具有竞争力的税制、怎样进行具有竞争力的税制建设时，进行定性分析。以此为基础，在对国际税收竞争的效应进行实证检验时，本书基于 stata 应用系统 GMM 模型，对边际有效税率对 OFDI（对外直接投资）的影响进行实证检验。在对我国企业的纳税成本进行国际比较时，采用因子分析法客观赋权，对 181 个国家的税收营商环境进行综合评价，为现有世界银行评价结果提供了另一角度的补充与参照。定量分析为定性分析提供了可靠的依据，以此为支撑，保证本书研究结论的客观性，使建设具有竞争力税制的具体建言具有科学性。

三、本书的创新点

本书的主要创新之处在于：

第一，在综合考察、评价国际上已有的税制竞争力指标及其局限性的基础上，探索了符合时代特征的税制竞争力指标体系，探索从"税制体系公平、效率程度""流动性税源的有效税负""税收法治化""经济数字化的制度建设""国际税收协调水平"五个维度构建具有竞争力的税制的评价指标体系（包括 5 个一级指标，16 个二级指标）；并从具有竞争力税制的评价指标的视角审视我国的税收制度，提出了进行具有竞争力税制建设的政策建议，丰富和深化了对于我国具有竞争力的税制建设的研究。

第二，分析了边际有效税率对我国对外直接投资的影响。本书从边际有效税率（EMTR）的视角考察税制竞争力。基于 OECD 最新开发的 EMTR 测算模型，就跨国边际有效税率水平对我国对外直接投资的影响进行实证分析。研究发现：较低的东道国边际有效税率有利于我国对外直接投资的流入，在边际有效税率的测算过程中，企业所得税是影响边际有效税率的重要税收参数。为提高我国税制竞争力，建议考虑适当降低边际有效税率，具体应从促进对外投资与吸引高质量外商直接投资两个角度来进行税收制度的完善。

第三，在当前国际上已有的税制竞争力指标中，选取了世界银行发布的《世界纳税报告》指标数据对于企业纳税成本的国际比较，世界银行纳税指标评价分数是各个分指标得分的简单平均值。与此不同的是，本书创新地应用因子分析法进行客观赋权，对全球 181 个国家企业纳税成本进行综合评价，得出各因子得分、综合评价得分及排名情况。得到了与世界银行报告不同赋权的综合评价结果，为世界银行已有的评价结果提供了另一角度的补充与参照，阐发了改善营商环境、降低企业纳税成本、提升税制竞争力的政策建议。

第四，本书认为现代国际税收竞争和具有竞争力的税制的内涵与外延也随之发生深刻变化。本书将国际税收竞争定义为政府运用税收策略实现本国经济利益最大化的一种博弈行为，认为具有竞争力的税制应遵循现代税制的公平、效率、便利、法治的原则，并具有基本特征：一是在国际税收争夺税基的竞争中具有跨境税源竞争优势，主要表现为流动税源的有效税负具有竞争优势；二是在国际税收划分税权的竞争中具有与国际税收规则变化相适应的特征，主要表现为经济数字化和反税基侵蚀的税收制度建设具有竞争优势。

第五，在理论研究部分，本书力求从多视角综合考察国际税收竞争问题，结合了国际经济学、公共经济学、政治经济学的理论观点，在学科的交叉综合上分析国际税收竞争问题，拓展了国际税收竞争的研究领域。

第六，以往关于税收竞争的文献资料，没有涵盖当前国际税收制度环境与制度安排变化及国际税收领域的最新动向；近期国际税收研究领域的文献中只有为数不多的关于国际税收竞争方面的研究，没有基于国际税收竞争角度系统论述新时期如何进行具有竞争力的税制建设。本书结合当前国际税收竞争的新形势与新特点系统地对我国的税制建设与改革方向提出了具体建言。

第四节　对相关概念与研究范围的说明：国际税收竞争、国际税收协调、具有竞争力的税制

近年来，习近平总书记在多次重要讲话中强调"当今世界正经历百年未有之大变局"。作为宏观经济趋势的一个具体缩影，国际税收竞争的内涵与外延也已然发生了深刻变化。对于国际税收竞争，财税理论界各抒己见，莫衷一是，为了避免争议，本书首先界定国际税收竞争的内涵及研究范围，在统一概念的基础上展开下文的讨论。

在本书中，第一，国际税收竞争的参与者是为了实现本国利益最大化的政府。第二，国际税收竞争的客体可以分为两类：税基和税权。首先，争夺税基的竞争是传统概念上的税收竞争，是一种非合作博弈，且往往以"斯塔克尔伯格领导力"的博弈形式出现，即具有全球影响力的经济体首先开始税制改革，后参与竞争的国家在纳什非合作博弈中应对。从争夺税基的角度来看，这些税收策略通常包括降低所得税法定税率、深化税收优惠政策等一系列减轻纳税人负担的税收激励政策。具体可表现为：免税期、加速折旧、投资和再投资津贴、降低社会保险缴款、特定收益扣除、进口税豁免、出口退税等。其次，随着经济发展形势的变化，特别是经济数字化的发展，划分税权竞争的重要性日益凸显。作为合作博弈的一种，其与非合作博弈的不同之处在于：最终能够达成一种具有约束力的协议。划分税权的竞争是在国际规则制定或税收

协定签订中就跨国所得的税收权益展开的竞争。第三，国际税收竞争的核心目标是促进本国经济发展。第四，国际税收竞争的手段（策略集）根据竞争客体的不同，相应地也分为两类：争夺税基的竞争手段集中体现在降低税率和深化税收优惠两方面；而划分税权的竞争手段则是通过参与国际税收规则的制定以及在国内税收政策的制定中维护本国的税权。

综上所述，本书对于国际税收竞争作出如下定义：国际税收竞争是政府运用税收策略实现本国经济利益最大化的一种博弈行为。

国际税收协调是经济全球化发展到一定阶段后，国际税收竞争必然的发展方向，国际税收规则是税收协调的产物。国际税收协调的主体也是一国政府。传统税收协调的主要目的是通过消除双重征税等税收障碍，促进国际贸易和投资。当前国际税收协调的发展体现出新的特点：其一，协调的主要内容由避免国际重复征税向治理税基侵蚀与利润转移转变；其二，税收制度协调的方式由双边协调向多边协调发展；其三，协调的税种由以关税为主逐步向协调直接税与其他间接税发展。协调的路径一般包括：一国单方面的税收改革——双边或多边国际税收协定——参与国际组织或一体化经济集团达成税收协议。

这里还应补充说明三点：

第一，影响国际税收竞争的因素是多方面的，包括经济、政治、文化、社会等。为避免分析范围过大而难以把握，本书对于国际税收竞争的研究主要立足于经济的角度。

第二，国际税收竞争的市场化类比。在这个特殊的市场中，税收不是普通的价格，国家提供的公共产品也不是普通的商品，是国家为实现本国经济利益的最大化制定战略、政策而进行竞争。

第三，国际税收竞争并非协调的对立面，国际税收协调很可能提高各国为提供公共产品而征税的能力，但国际税收竞争促进了其他更重要的目标：公共产品与个人偏好匹配，减少政府浪费。一定程度的税收协调对良性国际税收竞争有积极的促进作用。此外，还应注意到国际税收协调，如多边、双边的税收倡议虽然被描述为对所有参与者有益，从表面上看是税收管辖权的重新划分，实则体现国际税收治理的大国博弈，但往往以牺牲发展中国家为代价而作为为发达国家利益服务的工具。

在对国际税收竞争、国际税收协调作出分析、说明之后，一个更深层的问题应随之纳入视野：如何构建具有竞争力的税制以适应国际税收竞争的要求。这正是本书的研究主线。

本书认为具有竞争力的税制是符合时代背景并与当前国际税收规则变化相适应的现代税制，是与他国相比较具有竞争优势的现代税收制度。中国税制改革的目标就是建立现代税收制度。"新时代"背景的标志是我国的主要矛盾发生变化，且经济发展由高速度向高质量发展转变。2015年10月29日，党的十八届五中全会通过的《中共中央关于制定国民经济和社会发展第十三个五年规划的建议》提出了"建立税种科学、结构优化、法律健全、规范公平、征管高效的税收制度"，即现代税收制度的要求；党的十九大报告提出要加快建立现代财政制度。以建立与现代国家治理体系和治理能力相适应的现代财税制度的全新理念对深化财税体制改革作出了全面、系统的部署。"十四五"时期是建立现代财税体制的关键时期，党的二十大报告指出"着力推动高质量发展，主动构建新发展格局"，税制改革必须置于大局中去谋划和布局。

本书力求把握国际税收竞争的新形势对我国税制建设的要求，把握国际税收竞争背景下我国具有竞争力的税制建设的研究主题，具体研究怎样构建具有竞争力的税制，以更好地服务于新时期国内、国际两个大局。本书将分析国际税收竞争推动国内税制改革，税收协调水平如何成为影响税制竞争力的重要因素以及具有竞争力的税制建设的理念、方向，具有竞争力的税制的内涵与基本特征，提出具有竞争力税制的评价指标体系，从各方面对我国税制进行审视，并提出具有竞争力税制建设的具体建言。

第二章

国际税收竞争的基本透视：
历史、理论与效应检验

习近平总书记多次在重要讲话中强调"当今世界正经历百年未有之大变局"①，大数据、人工智能、云计算等新技术正在引领新的变革，国家间利益之争加剧，世界格局动态变化推动了国际税收规则的变化，对国际税收关系产生深刻影响：划分税权的竞争与争夺税基的竞争方兴未艾，由此推动了新一轮的世界税制变革。"万物得其本者生，百事得其道者成"，本章首先对国际税收竞争历史发展进行回顾和总结，着重于对其历史逻辑和时代特征的提炼和揭示；其次从理论上分析了国际税收竞争的效应，并对国际税收竞争效应进行实证检验。以此为基础，上下贯通，为中国具有竞争力的税制建设理出一条较为清晰的线索。

第一节　国际税收竞争的基本分析

古人云："以史为镜，可以知兴替。"《大学》有言："物有本末，事有终始，知所先后，可近道矣。"习近平总书记指出，"一个国家、一个民族要振兴，就必须在历史前进的逻辑中前进、在时代发展的潮流中发展"②。本节对国际税收竞争发展历程进行系统回顾，总结其中的发展规律，探寻其间的变化过程，这是两个主要的着力点。总结过去，是为了探索未来，未来目标的定位又离不开过去经验的总结。

---

① 习近平：关于《中共中央关于坚持和完善中国特色社会主义制度　推进国家治理体系和治理能力现代化若干重大问题的决定》的说明，2019年11月5日；《坚持可持续发展　共创繁荣美好世界》，在第二十三届圣彼得堡国际经济论坛全会上的致辞，2019年6月7日；第二届"一带一路"国际合作高峰论坛，2019年4月26日。

② 习近平：博鳌亚洲论坛年会开幕式上的主旨演讲：《开放共创繁荣　创新引领未来》，2018年4月10日。

一、国际税收竞争的历史变迁：一个基本脉络

（一）划分税权的竞争

1. 以解决双重征税问题为中心的划分税权的竞争

19世纪和20世纪初，国际经济活动以商品贸易为主，当时国际税收领域的主要矛盾表现为国家间的关税壁垒和自由贸易的需求。19世纪中后期，国际经济活动的内容和形式逐渐发生了变化，国际资本流动日益频繁，发达国家间的相互投资激增，发达国家对发展中国家的投资逐渐增加，所得税和财产税领域的重复征税凸显，消除重复征税成为国际税收关注的焦点。据史料记载，1923年国际联盟发布的一份报告，为以来源地和居住地为基础划分的国际税收规则奠定了基础，此报告的主要目的是为解决双重征税提供方案。由于国际规则的话语权一般来自经济发展水平较高的国家，该报告被认为主要是英美国家和跨国公司利益诉求的推广。1899年普鲁士和奥地利签署了第一个避免双重征税协定，协定中对于营业利润征税这样叙述："来源于固定商业交易的所得仅应由为执行该交易而设有常设机构的国家课以直接的国家税。常设机构被认为是分支机构，生产场所办事处、采购与销售点，以及其他作用在于企业主自身业务及其合伙人的经营和公司事务或其他常设代表的经营组织。"

早期国家间谈判签订的国际税收协定都是各自为政，缺少普遍公认的原则，为此国际联盟（联合国组织的前身）组成专家小组进行国际税收协定范本的研究、拟订工作。专家小组推荐由哥伦比亚大学的斯里格曼教授和英国伦敦大学的斯丹普教授等四位经济学家撰写《关于重复征税的专家报告》。该报告提出了最基本的国际税收原则，即来源地原则和居住国原则。由于征税权是一国税收主权，只能通过签订国际税收协定约束，因此，国际税收协定是国际税收规则的集中体现。当前国际上最具有影响力的指导税收协定签订的范本分别是1977年公布的

《经合组织范本》与1979年发表的《联合国范本》，分别体现出鲜明的税权划分倾向。税收协定中最能体现征税立场的条款，一是常设机构判定中对建筑、装配或安装工程的时间认定，二是投资所得的预提所得税率。在为消除双重征税而考虑税收利益的分配时，OECD和联合国的偏好存在明显的差异。《经合组织范本》注重资本输出公平，被认为主要代表发达国家的利益偏好；而《联合国范本》注重资本输入公平，主要代表发展中国家的立场。

2. 以解决双重不征税问题为主的划分税权的竞争

当前全球利润至少一半以上通过跨国交易产生，跨国企业跨境关联交易数额巨大，使在现有规则体系下进行税收筹划成为可能。跨国企业进行税收筹划导致实质经济活动和税收权益的错配，生产要素的跨境配置受扭曲。同时，由于数字经济的发展和知识经济重要性的增加，新的商业模式、交易形式和价值创造方式的改变，也促使国际税收规则的改革。

本轮经济周期以来，许多国家尤其是发达经济体，都面临着政府债务压力与减收增支需求并存的"财政三角困局"。国际货币基金组织（IMF）的《财政监测报告（2019）》认为，发达国家公共债务仍然居高不下，新兴市场和发展中经济体的公共债务攀升，主要经济体（中国、欧元区和美国）转向扩张性的财政政策，因此在中短期内，税收利益之争难见向缓趋势。BEPS（税基侵蚀和利润转移）严重制约了政府收入能力，2012年二十国集团（G20）委托经济合作与发展组织（OECD）研究BEPS问题。

国家间在争夺规则制定的主导权或争夺有利于本国利益的规则条款方面进行竞争。规则制定权是全球经济治理体系中一国国际影响力的具体体现。虽然BEPS相关报告遵循了利润在经济活动发生地和价值创造地征税的原则，但具体如何识别产生利润的经济活动发生地与价值创造地，有不同的方法和路径。因此，主要经济体势必会利用其经济实力方面的优势以及在全球治理中长期积累的经验争夺规则制定权，而一些小型经济体也可能努力争夺有利于本国利益的规则条款。

在全球产业链和价值链动态变化的过程中，各国都加入争取将更多的税收收入留在本国的竞争。随着一些国家经济发展水平和发展阶段的变化，其在全球产业链和价值链中的地位也会发生变化。在此背景下，各国会基于本国国情寻求有利于将更多的税收收入留在本国的规则。如果国际合作给各国带来的税收总增量保持在一定水平，那么对税收增量，特别是对经济数字化税收的争夺将会成为各国的重要目标，也会成为影响规则制定的重要因素。

国际税收治理中话语权仍不对称。尽管发展中国家为维护自身权益进行了不懈努力，但目前国际税收治理实践中，"制度性话语权"和"规则创始红利"始终掌握在主要发达经济体手中。OECD作为权威主体成为发达经济体宣扬其路径优势、固化其制度性话语权的主要平台。虽然上述情况在G20推进《BEPS行动计划》过程中有一定改善，以中国为代表的发展中新兴经济体在其中充当了较以往更为积极的角色，"利润应在经济活动发生地和价值创造地征税"的基本原则在《BEPS行动计划》中也得以体现。但国际税收活动中话语权仍不对称，这种不对称既有历史渊源又有现实压力。

2019年1月，OECD举行的税基侵蚀和利润转移包容性框架会议发布了一份"应对数字化的税收挑战的政策说明"。一方面聚焦如何在不同辖区间对跨国公司所得划分征税权的现有规则，包括传统转让定价规则和独立企业原则；另一方面旨在解决剩余的BEPS问题。5月，OECD在前期工作的基础上发布了应对经济数字化税收挑战的工作计划，提出了应对数字经济的两大支柱：支柱一是利润分配与连接度规则；支柱二是全球反税基侵蚀方案。应对经济数字化的多边共识性解决方案初见端倪。

（二）争夺税基的竞争

国际争夺税基竞争的演进历程，可以依发生时序大致分为如下几个

第二章 国际税收竞争的基本透视：历史、理论与效应检验

既彼此独立又互为关联的时期。

20世纪80年代早期开始，新自由主义税收改革潮流席卷全球（Bird，2012；Slemrod，1999）。全球化作为资本主义的后现代化，具有新自由主义的时代特征。世界经济格局向多极化发展，温特尔主义和全球生产网络成为区域"竞合"运行的中观平台，各区域、跨区域优惠贸易协定及世界贸易组织则成为"竞合"运行的宏观平台。随着金融市场和资本市场管制的放松，资本流动性大为增强，国际税收竞争应运而生。在生产要素中，资本的流动性最强，两个世纪前亚当·斯密曾说过：资本所有者是世界公民①。20世纪80年代末到90年代初，各国通过利用降低税率和"特殊（优惠）税制"进行公司所得税"竞相逐底"（run to the bottom）的赛跑。国际税收竞争肇始于发达国家，20世纪80年代中期美国、加拿大等国家开展了大规模的减税运动。

在国际间接投资方面，由于1981年美国实行里根政府的大规模减税方案，导致财政赤字，急需向外国借贷，同时也为了与有关国家（荷兰、日本等）的法律相配合，美国于1984年废除了非居民间接投资利息所得30%预提税。据统计，20世纪80年代流向美国的资本额每年高达148亿元。在国际直接投资方面，改革前美国跨国公司利用转让定价和"延期纳税"将利润积累在海外子公司等方式进行避税。据统计，1984年美国受控外国公司汇回利润仅占40%。为了改变"高税率，窄税基"带来的弊端，1986年美国将公司所得税的最高名义税率246%降低至34%，显著提高了资本争夺的竞争力，进而引发了世界性的减税浪潮。1987年，英国将公司所得税率由40%降低至35%，加拿大由36%降低至28%，日本由43.3%降低至39%。进入20世纪90年代，减税的规模进一步扩大：法国于1990年将公司所得未分配利润税率由37%降低至34%，英国于1991年进一步降低公司所得税率至33%，德

---

① 亚当·斯密. 国民财富的性质和原因的研究（下卷）（中译本）[M]. 商务印书馆，1974：207。

国于 1994 年将公司所得未分配利润税率由 50% 降低至 45%，分配利润税率由 36% 降低至 30%。20 世纪 90 年代末，发展中国家也掀起了减税浪潮，如菲律宾的公司所得税自 33% 降低至 32%，俄罗斯降低至 24%。

在此过程中，一些避税地和离岸金融中心采取较为激进的无税或低税措施吸引投资，这种"以邻为壑"的做法对高税国的税基造成了明显的影响。理论研究表明，在国际税收竞争博弈出现均衡时，小国将获得比大国更高的福利水平。这是因为大国税率的变动在很大程度上影响整个国际资本市场的税后回报率，若大国降低税率，国际资本市场的税后回报率将因此而大幅提高，相应资金成本也会提高，抵消了资本向大国流动的税收效应。小国税率的变动不会影响资本的税后回报率，小国降低税率可以大大降低资本的资金成本，对流动性资本更具吸引力。除了传统意义上的金融服务企业避税地，生产型避税地的兴起加剧了税收竞争，生产型避税地对设在其境内的生产型外国企业提供税收优惠，这导致了低效益的全球资源配置，带来了不同程度的经济、社会和政治问题。

在发达国家的主导下，OECD 于 20 世纪 90 年代提出"反有害税收竞争"，实质上是对税收竞争的一种协调手段。1998 年 OECD 首次发布了《有害税收竞争：一个凸显的全球性问题》报告并附《15 个对抗有害税收优惠的指导方针》，设立了有害税收竞争实践论坛。报告主要依据四个标准来识别避税地："无税或低税""无有效情报交换的制度""缺少透明度"以及"没有做出实质经营活动的要求"，并按上述标准判定 47 个国家和地区为避税天堂。OECD 的后续行动实际上主要关注有无税务信息交换这一特征。从理论上讲，以这一标准作为判定标准是不完整的，却具有政治上的可行性：涵盖了在国际上话语权较小的小型避税地国家，而避免涉及同样进行国际税收竞争的大国（如英国、美国亦存在特别税收制度）。

金融危机发生之后，欧美等发达国家采取积极政策导致财政赤字的规模扩大，反避税成为减轻财政压力而不会影响选票的有效手段。法国、德国等率先采取行动，对吸纳众多跨国公司和高收入人群资金的避税地银行施加压力。瑞士、卢森堡、比利时等拥有悠久账户保密传统的国家不得不合作予以让步。2009年OECD与伦敦峰会发布了《税收表现评估报告》，根据这份报告，40个国家和地区被认为符合标准，38个国家在银行保密制度和税收情报交换方面做出承诺但尚未付诸实施，4个国家因拒绝进行税收透明度建设和进行情报交换而被列入"黑名单"。在2010年OECD公布的进展报告中，"黑名单"已清空。到2012年，所有接受全球税收论坛监督的国家已正式承诺执行国际标准。然而"保密时代"终结，并不意味着"避税天堂"的消失，而仅是判定标准发生了变化。

2017年12月，美国总统特朗普签署了《减税与就业法案（TCJA）》，开启了近30年来美国最大的一次税制改革。税改法令体现了提高本国税制竞争力和吸引海外利润回流的政策意图。主要措施包括：公司所得税税率由35%降低至21%，缩减个人所得税课税层级，提升遗产税扣除标准等。美国边际税率的急剧下降对资本流动和投资流向产生了立竿见影的影响，并引发了新一轮全球各国税制改革和减税浪潮，国际税收竞争加剧。英国、意大利、日本、德国等国的公司所得税税率（包括中央和地方）分别由金融危机前的30%、37.25%、39.54%和38.9%降至2019年的19%、24%、23.2%和15.8%。英国政府于2020年将公司所得税税率下调至17%；法国政府于2020年将公司所得税税率降至28%。

自20世纪初至今，根据毕马威会计师事务所（KPMG）的调查数据，80多个国家的公司所得税平均税率从38%下降到了23.79%，其中亚洲地区的公司所得税平均税率下降到了2019年的21.09%，个人所得税平均税率则从2003年的34.24%下降到31.23%，全球公司所得税和个人所得税税率的下降趋势见图2-1与图2-2。进入21世纪以来，多数OECD成员国的公司税制都转向了属地原则的税收制度（见表2-1），目前经合组织36个成员国中只有5个成员国使用属人原则的公司税制。公司税制转向属地的目的是减少税收对国际资本流动的阻碍，提高跨国公司总部的竞争力，从而吸引资本和人才。

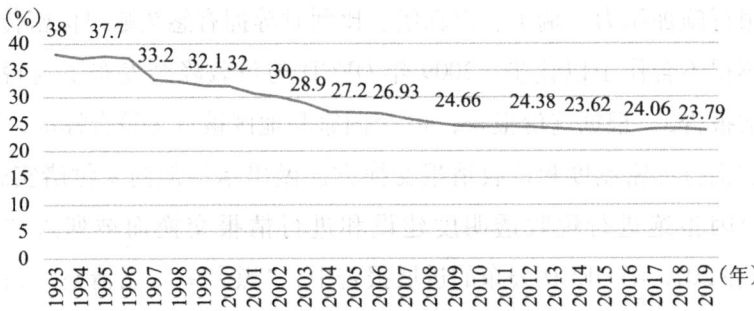

图 2-1　全球公司所得税平均税率变化

资料来源：KPMG. Corporate tax rates [EB/OL], 2019-9-19. https://home.kpmg/xx/en/home/services/tax/tax-tools-and-resources/tax-rates-online/corporate-tax-rates-table.html.

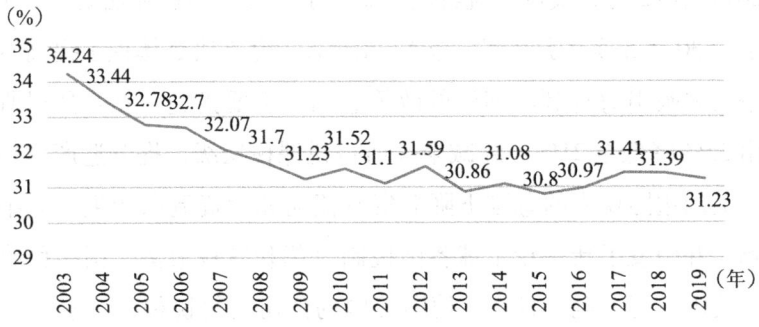

图 2-2　全球个人所得税平均税率变化

资料来源：KPMG. Individual income tax rates [EB/OL], 2019-9-19. https://home.kpmg/xx/en/home/services/tax/tax-tools-and-resources/tax-rates-online/corporate-tax-rates-table.html.

表 2-1　　　　　　OECD 成员国公司所得税税率变化　　　　　（单位：%）

国家	1996 年	2002 年	2013 年	2019 年	1996—2019 年的变化
澳大利亚	36	30	30	30	6
奥地利	34	34	25	25	9
比利时	40.2	40.2	34	29	11.2
加拿大	44.6	38.6	26.1	26.5	18.1
捷克	39	31	19	19	20
丹麦	34	30	25	22	12
芬兰	28	29	24.5	20	8

续表

国家	1996年	2002年	2013年	2019年	1996—2019年的变化
法国	36.7	34.3	34.4	31	5.7
德国	57.4	38.4	30.2	30	27.4
希腊	40	35	26	28	12
匈牙利	33.3	18	19	9	24.3
冰岛	33	18	20	20	13
爱尔兰	38	16	12.5	12.5	25.5
意大利	53.2	40.3	27.5	24	29.2
日本	51.6	42	37	30.6	21
韩国	33	29.7	24.2	25	8
卢森堡	40.3	30.4	29.2	26	14.3
墨西哥	34	35	30	30	4
荷兰	35	34.5	25	25	10
新西兰	33	33	28	28	5
挪威	28	28	28	22	6
波兰	40	28	19	19	21
葡萄牙	39.6	33	29.5	21	18.6
斯洛伐克	0	25	23	21	21
西班牙	35	35	30	25	10
瑞典	28	28	30	21.4	6.6
瑞士	28.5	24.5	21.1	18	10.5
土耳其	44	33	20	22	22
英国	33	30	23	19	14
美国	40	40	39.1	27	13
30个成员国平均	37.6	31.4	25.5	23.4	14.2

注：公司所得税税率包括中央或联邦与省或州两级税率之和。

资料来源：根据 OECD Tax Database 与毕马威数据整理。其中，1996—2013年数据根据 OECD. Tax on corporate profits [EB/OL], 2019-9-19. https://home.kpmg/xx/en/home/services/tax/tax-tools-and-resources/tax-rates-online/corporate-tax-rates-table.html 整理得到，2019年数据来自毕马威。

二、国际税收竞争与资本、劳动力流动

如上文所述，国际税收竞争是政府运用税收策略实现本国经济利益最大化的一种博弈行为。从争夺税基的角度来看，这些税收策略通常包括降低所得税法定税率、深化税收优惠政策等一系列减轻纳税人负担的税收激励政策。具体可表现为：加速折旧、投资和再投资津贴、免税期、特定收益扣除、降低社会保险缴款、出口退税、进口税豁免等。本章第三节、第四节拟就主权国家（地区）运用的税收激励手段进行国际税收竞争的效应进行分析，具体分为对资本、劳动力流动的影响以及对经济发展和收入分配的影响两个层次来讨论。

（一）税收激励与资本流动

为吸引投资，一国首先应有基本的经济制度环境，许多工业化国家进行了持续的市场化改革，当非税因素在国家间日益趋同的情况下，税收因素变得更加重要。根据资本跨国流动方式的不同，可以从对国际直接投资和国际间接投资的影响两方面来讨论。

1. 税率对国际直接投资的影响

影响国际直接投资地理分布的因素很多。20 世纪 80 年代中期世界性减税改革以前，税收几乎不被看作是资本国际流动的主要影响因素。然而，此后经济学家的经验研究证明，国际直接投资对国家间所得税税率的差异是敏感的。所得税对国际直接投资的影响可从投资者的来源国和居住国两方面来考察。一国的投资者在来源国要负担公司所得税和股息预提税两笔所得税税款。居住国根据居民管辖权仍然要对本国纳税人的海外所得征税，并对两国的重复征税采取措施予以减除。然而不论以何种方式减除，来源国的公司所得税和股息预提税都可能会对外国直接投资产生阻碍作用。

2. 税率对国际间接投资的影响

来源国和居住国的税收制度对国际间接投资的影响不同。对于股票的国际投资，来源国的公司所得税和股息预提税都具有一定的阻碍作用。而对债券的国际投资，投资者从来源国企业取得的债券利息不负担来源国的公司所得税，而只负担来源国对利息支付课征的利息预提税。从居住国方面看，居住国一般不允许抵免本国投资者因股票的跨国间接投资而负担的来源国公司所得税。各国一般规定对于本国投资者所负担的来源国利息预提税允许抵免，但往往有抵免限额的限制。因此，来源国的公司所得税、股息预提税和利息预提税的税率可能对国际间接投资流入本国产生抑制作用。此外有研究认为，公司所得税法定税率通过影响利率总水平和股票价格，也会对国际间接投资产生显著影响。间接投资也会受到对资本所得征收的个人所得税的影响。公司所得税税率还会因为对各种所得的税收待遇不同，通过影响跨国公司的融资决策和资本成本继而对国际投资产生影响，这涉及公司所得税对债务资本和股权资本的不同待遇、对保留盈余和分配利润的不同待遇以及不同的抵免制度等复杂的背景。

3. 跨国公司的利润转移

对于跨国公司而言，经济全球化的实质是资源配置、研究开发、生产制造、市场营销等整个企业经营活动的全球化。跨国公司就其全球所得在整个企业内部进行纳税筹划，充分利用各国税收差异，降低纳税义务，追求税后收益最大化，从而使国家之间的税基发生了转移。Copithorne 和 Horst（1971）提出了有关跨国公司理论的重要命题：当面对不同国家的不同税率时，跨国公司会通过操纵内部交易商品的价格，将高税国的利润向低税国转移。跨国公司利用国家间税收差异进行国际避税是具有其客观合理性的，而以跨国公司在全球经济领域的影响力，其纳税筹划和避税活动极大程度上影响着税基在国家间的转移，这种影响是通过跨国公司内部实施转让定价将利润从高税国向低税国转移实现的。

关于跨国公司的转让定价和利润转移。所谓转让定价，是指公司内部机构之间或关联企业之间相互提供产品、劳务或财产而进行的内部交易作价。转让定价可以发生在一国之内，而与各国税收利益密切相关的是发生在国与国之间的国际转让定价。由于转让定价发生在跨国公司集团的内部成员之间，而这些成员由于法律或经济上的原因在经营管理和经济利益方面存在着紧密的联系，因此，转让定价并不一定符合市场竞争原则，而是根据公司集团的整体利益人为地加以确定。转让定价的这种特殊性决定了跨国公司必然会利用它操纵内部交易定价，从而在集团公司内部进行人为的利润转移。在跨国公司关联企业之间的各项交易中，包括销售产品、提供劳务、技术转让、发放贷款等，通过实施一定的转让定价策略，跨国公司就可以实现由一个国家（地区）的关联公司到另一个国家（地区）关联公司的利润转移。

（二）税收激励与劳动力流动

OECD 的分析表明，尽管家庭和政治原因仍然是移民的重要因素，但是经济因素成为移民上升的重要原因。一旦劳动力移动的成本和限制下降，对于税收支出和获得政府服务不满意的公民可以用脚投票，转移到更为优越的经济环境中去。由于非经济因素在移民原因中扮演重要角色，因此，在其他条件相同的情况下，税收竞争具有重要的影响。一个很好的例子就是：加拿大低税率的邻国——美国给它带来了巨大的税收竞争的压力。所得税在大多数国家的边际税率与收入是累进的，因此，拥有高收入的劳动力对于税收竞争有较强的反应。高科技企业的移民证明了美国经济的快速增长来自对拥有高技术水平劳动者移民的激励。建立低税率的有吸引力的经济环境，有利于通过吸引熟练技术劳动力向辖区内移民来给经济注入持续发展的动力。

三、国际税收竞争与经济增长、收入分配

在此次由美国掀起的世界性减税浪潮中，开放经济条件下的税收竞

争压力促使各国侧重于吸引流动资本的供给侧制度性减税。资本的自由流动在客观上制约了各国通过提高资本税负调节收入分配功能的发挥。我国现阶段实施的供给侧大规模减税与20世纪初的结构性减税在实质内容、行进路线、核心安排上都有很大的不同。20世纪初的总需求管理是应对经济周期性波动的工具，具有临时性；而当前减税措施的目标不是临时性的政策安排，而是强调长期的制度建设，并直接针对减税对象。减税主要不是为了扩需求，而是侧重于服务供给侧结构性改革中的降成本，且降低的是企业尤其是实体经济的成本。应对国际税收竞争的不同的税收政策所依据的经济理论不同。

（一）税收激励政策对经济增长的影响

国际税收竞争和资本外流风险导致政府追求高增长、不分配（低税）的政策。税收政策是通过影响投资、劳动供给、技术等而间接影响经济增长的。明晰税收激励政策对经济增长的影响，是进行税制建设和税制设计的基础。下文考察了税收对经济增长影响的典型理论，理论的研究经历了从传统新古典的外生经济增长模型到当代新经济理论的内生经济增长模型，从哈罗德－多马的单要素经济增长模型到索洛的多要素经济增长模型，从注重要素投入到现代注重全要素生产率提高的不断深化和发展完善的过程，经济增长理论的发展也为财税研究提供了新的平台。

古典政治经济学创始人几乎都把赋税问题摆在显著地位。亚当·斯密提出了对三种个人的私人收入——利润、工资、地租的课税体系，认为税收对经济增长的作用主要通过影响资本积累来实现。一方面，对资本收益的课税降低了投资者的预期收益率；另一方面，课税也减少了可支配收入，从而直接减少投资，影响资本积累。因此，对资本的课税对经济增长产生副作用。政府应为投资者提供一个较高的预期收益率，宽松的投资环境有利于资本积累和私人投资，最终促进经济增长。大卫·李嘉图认为税收是国家的土地和劳动产品中国家支配的部分，如果税收负担落在资本收益上,就一定会减少积累,或者迫使纳税人减少消费,他主张政府不应对资本征税,对资本征税会减少国家未来的生产。

凯恩斯学派认为政府宏观经济政策作用体现在政府支出和税收两方面:政府支出对国民经济增长起扩张作用,税收对国民收入增长有收缩作用。因此其主张当经济萧条时,政府应增加支出,减少税收,以增加消费刺激投资,使总需求增加;当经济繁荣时,政府应减少支出,增加税收,以减少消费抑制投资,使总需求下降。汉森主张建立一个对消费和储蓄影响较小的税收体系,征收所得税并实行税收优惠政策(对固定资本投资减免税和加速折旧)。萨缪尔森进一步发展了此理论,他认为如果对资本收益实行超额累进征税,可以调整经济周期,因此,对资本收益的课税也被称为"自动稳定器"。哈罗德－多马模型内含了政府的干预问题:对于资本累积性扩张或是累积性缩减,当投资大于储蓄时,为了使实际经济增长率不至于过度偏离有保证的经济增长率,政府可以通过增加资本税负来抑制资本的过度投资;反之,当投资小于储蓄时,可以通过降低资本税负来刺激投资。琼·罗宾逊认为税收影响有效需求,减免应当是削减低收入者的税收。

新古典经济学派的索洛模型研究经济增长的动态影响,此后大多数经济学家以此为基础展开对税收作用的研究,大致可以分为两派:美国新古典学派和欧洲新古典学派。共同点在于都强调资本的税后报酬率是经济增长的驱动力,这一报酬率的下降是资本增长下降的基本原因。美国新古典学派认为资本报酬的下降是通货膨胀与课税结构相互作用的结果,这种相互作用极大地提高了对资本和劳动的实际税率。欧洲新古典学派认为资本报酬率下降原因是:较高的实际工资挤压了利润率,使资本发生转向,最终减少了国内投资,不利于经济的增长。

供给学派认为资本和劳动对相对价格中的变化有很大的反应。对资本积累来说,相对价格是未来积累与当前消费的对比,即储蓄的税后报酬率。对于工作和闲暇之间的选择,相对价格是税后工资率。这两种情况中,价格的微小增长都会引起供给的大量增长。因此,供给学派强调对资本和劳动税负的降低会释放出强大的创新洪流和强烈的工作热情。新古典经济增长学派认为税收政策在短期内对资源配置发挥重要作用，而对经济长期增长的作用微乎其微。

（二）税收激励政策对收入分配的影响

对于收入分配的研究主要涉及三个层面：要素收入分配、居民收入分配和国民收入分配格局。要素收入分配也称为功能性收入分配，是以生产要素为主体的分配，即资本收入和所有劳动者报酬占国民收入的份额。居民收入分配也称为规模性收入分配，是指收入在居民之间的分配。国民收入分配格局是指居民、企业和政府占国民收入或国民生产总值的份额变化。通常我们所称的国民收入分配是指居民收入分配和国民收入分配格局。居民收入分配与要素收入分配关系密切：一般来说，高收入者的收入大部分来自资本要素收入，而低收入者的收入大多来自劳动要素收入，如果增加劳动要素收入的分配份额，会改善低收入群体的居民收入分配状况，缩小收入分配差距，体现社会公平；反之，若增加资本要素收入的分配份额，就会降低低收入群体的收入分配，扩大收入分配差距。国民收入分配格局也与要素收入分配关系密切。居民、企业和政府三个部门根据其在生产活动中提供的要素，取得相应的要素收入，实际上是功能性分配的延伸。

国际税收竞争对收入分配的影响主要有两种机制：效率机制（efficiency mechanism）和补偿机制（compensation mechanism）。其中效率机制强调国际税收竞争对政府财政的负面影响，认为税收竞争导致税收收入下降，降低了政府抵抗风险、提供公共物品和再分配的能力，增加了社会成本。Srensen（2004）用一般均衡模型验证了有害税收竞争会引发政府高水平的基建支出和较低的资本税收与再分配水平，从而影响公共产品的提供和收入分配公平。补偿机制则认为，中间选民往往是低收入、主要获取劳动要素收入的人群，他们会通过政治过程要求政府提供更高的社会保障和福利水平，以补偿其在全球化进程和税收竞争中的损失。Hines（2006）反对效率机制，认为税收竞争对总体税收的影响较小，但通过吸引流动性要素，扩大了国家经济规模，反而能增强政府的财政能力。Batina（2012）认为国际税收竞争能够吸引流动性资本以提高国内工资水平和储蓄水平，从而为社会保障项目提供更多资金改善收入分配。Bretschger 等（2002）实证检验了国际税收竞争的效率效应和补偿效应，验证了参与国际税收竞争的国家提高了对劳动的课税水平，降低了资本税收，同时以扩大公共支出水平作为对劳动人群的补偿。Genschel 和 Seelkopf（2016）认为，对于效率机制和补偿机制的研究忽略了国家规模的作用，国际税收竞争可能会增加小型国家的财政收入，同时降低国民对于福利与社会保障的需求，此时效率机制和补偿机制均不起作用。

第二节　国际税收竞争效应的理论分析

理论分析仅能解释在所阐述的逻辑机理中国际税收竞争的效应，但具体效应的量化要通过经验实证获知。本节以基于 OECD 边际有效税率模型测算出的边际有效税率作为国际税制竞争性指标，检验了其对中国对外直接投资决策的影响。研究发现：较低的东道国边际有效税率有利于我国对外直接投资的流入，在边际有效税率的测算过程中，企业所得税是影响边际有效税率的重要税收参数。为提高我国税制竞争性，应考虑从促进对外投资与吸引高质量外商直接投资两个角度来考虑税收制度的完善。

一、税收竞争性与有效税率

一个税制是否具有竞争力，要看它是否适合本国国情，是否有利于经济社会的发展。在所有的国际税收竞争形式中，主权国家降低税收负担或运用税收优惠吸引流动性税基始终是最重要的形式，国际上已有的评价方法将在第四章进行具体分析。已有的评价方法主要从税收的竞争性和税收中性两个角度来考察，其中，参考国际前沿文献，税收的竞争性一般用有效税率来衡量[①]，而税收中性（即税收对经济的扭曲）的衡量与评价则带有较大的主观性。因此，本书从税收制度竞争性及边际有效税率的角度考察国际税制竞争力。

参考国际前沿文献，税收制度的竞争性一般以有效税率来衡量，前瞻性的有效税率又分为边际有效税率（EMTR）和平均有效税率（EATR）。平均有效税率用来分析税收对投资地点的选择，而边际有效税率用来分析投资地点选定以后税收对投资额大小的影响。本书从边际有效税率的角度考察税制竞争力并进行效应检验。在税收政策对外商直接投资（FDI）影响的研究中，最具代表性的是：King 和 Fullerton（1983），Devereux 和 Griffith（1999，2003）以及 OECD 的系列研究。King 和 Fullerton（1983）分析了税收对资本成本的影响，提出了一种计算前瞻性平均有效税率的方法，并将这一概念应用于四个 OECD 国家的比较分析。Devereux 和 Freeman（1995）考察了美国 1984—1989 年与 7 个国家的双向外商直接投资，发现税收对来自抵免制国家的外商直接投资影响较小，而对于税制为免除制的国家有显著影响。Devereux 和 Griffith（1999，2003）研究了税收对边际投资收益的影响，引入了平均有效税率的概念，并对平均有效税率、平均有效税率和法定税率之间的关系进行论述。OECD（2003）测算了一组经济合作组织国家在 1991—2001 年国际投资的 EMTR 和 EATR。OECD（2018）在 Devereux 和 Griffith（1999，2003）开发的理论模型上，提出了一种新的用于计算前瞻性有效税率（ETRS）的方法，并基于 2016 年 OECD 实证结果对 36 个 OECD 和伙伴国家进行了跨国比较分析。国际上对有效税率的跨国分析

---

① 2018 International Tax Competitiveness Index［R］. Tax Foundation. 2018，10.

与应用已较为成熟,而国内的相关研究很少,只有为数不多的文献基于 Devereux 和 Griffith 模型或 OECD 模型对我国的有效税率进行测算。尽管已有一些实证文献研究税收政策对外商直接投资的影响,然而没有基于有效税率角度的分析,且没有关于有效税率对我国对外直接投资影响的实证研究。本节基于 OECD 开发的有效税率测算的最新的理论模型(2018),从有效税率的角度对国际税收竞争的效应进行实证检验。

二、边际有效税率的测算模型

OECD 的测算边际有效税率模型建立在 Devereux 和 Griffith(1999,2003)开发的理论模型上,被用以评估税收如何影响扩大投资的动机。牛津国家商业税收中心(CBT)和欧洲经济研究中心(ZEW)公开了可在国家层面进行比较的前瞻性有效税率与平均有效税率。目前该测算仅包括公司税,考虑了三种通用资产类型:建筑、机械、无形资产及存货。在折旧方法方面,考虑了直线折旧和余额递减折旧及其组合。

假设一条投资路径:国外投资者以股权或者债券形式投资于国外居住国母公司,子公司仅靠向母公司发行新股融资,母公司仅靠留存收益融资方式通过外商直接投资(FDI)渠道投资于国内子公司,居住国对外国来源所得征税采用免税法。

若公司投资于固定资产,在直线折旧法(SL)的前提下,固定资产的抵免现值 A^{SL} 可表示为:

$$A^{SL} = \tau\varphi\left[\left(\frac{1}{1+\rho}\right) + \left(\frac{1}{1+\rho}\right)^2 + \cdots + \left(\frac{1}{1+\rho}\right)^T\right]$$

$$= \frac{\tau\varphi}{\rho}[1 - (1+\rho)^{-\frac{1}{\varphi}}] \quad (2-1)$$

其中,ρ 是最终股东的贴现率,τ 是东道国的法定企业所得税税率,φ 为固定资产的折旧率,T 为固定资产的折旧年限。

企业在时间 t 需满足以下均衡条件:

$$[1+(1-m^i)i]V_t = \frac{(1-m^d)(1-w^d)}{1-c}D_t - N_t + V_{t+1} - z(V_{t+1} - V_t - N_t) \quad (2-2)$$

其中,i 为名义利率,V_t 为母公司在 t 期期初的市场价值,m^i、m^d、w^d、z 分别为公司的利息收入、公司股息收入、个人股息收入、资本利得的边际税率。D_t 为支付股息,N_t 为母公司在 t 期发行的新股。

企业价值可表示为:

$$V_t = \frac{\gamma D_t - N_t + V_{t+1}}{1+\rho} \quad (2-3)$$

其中,$\rho = \frac{(1-m^i)i}{1-z}$,$\gamma = \frac{(1-m^d)(1-w^d)}{(1-z)(1-c)}$

若子公司选择股权融资,而母公司选择留存收益融资,经济租金等于给定时间内企业价值的变化,即:

$$R = (1+\rho)dV_t = \sum_{s=0}^{\infty} \frac{\gamma d D_{t+s} - dN_{t+s}}{(1+\rho)^s} \quad (2-4)$$

由恒等式可得:

$$D_t = Q(K_{t-1})(1-\tau) - I_t + B_t - [1+i(1-\tau)]B_{t-1} + \tau\varphi(K_{t-1}^T) + N_t \quad (2-5)$$

将式 (2-5) 代入式 (2-4),推导出留存收益情形下的经济租金表达式:

$$R^{RE} = -\gamma(1-A) + \frac{\gamma}{1+\rho}[(p+\delta)(1+\pi)(1-\tau) + (1-\delta)(1+\pi)(1-A)] \quad (2-6)$$

外部融资成本:

$$F = \gamma d B_t\left[1 - \frac{1+i(1-\tau)}{1+\rho}\right] - (1-\gamma)d N_t\left[1 - \frac{1}{1+\rho}\right] \quad (2-7)$$

$$R = R^{RE} + F \quad (2-8)$$

在没有税收的情况下产生相应的租金:$R^* = \frac{p-r}{1-r}$,r 为实际利率。

由定义，平均有效税率的表达式可以写为：

$$EATR = \frac{R^* - (1-Z)R}{\frac{p}{1+r}} \quad (2-9)$$

将 R 与 R^* 代入 $EATR$ 的定义式，可得：

$$EATR = \frac{\left(\frac{p-r}{1-r}\right)}{\left(\frac{p}{1+r}\right)} - \frac{(1-z)\left\{\frac{\gamma}{1-\rho}\{(p+\delta)(1+\pi)(1-\tau) - [(1+\rho)-(1-\delta)(1+\pi)](1-A)\} + F\right\}}{\left(\frac{p}{1+r}\right)}$$

$$(2-10)$$

在母公司通过留存收益融资的情形下，其外部融资成本为零。当投资的收益净现值与成本净现值相等时，通过公司行为模型可算出折旧率，进而推导出税前资本成本的表达式：

$$P = \frac{(1-A)[\rho + \delta(1+\pi) - \pi]}{(1+\pi)(1-\tau)} - \frac{F(1+\rho)}{\gamma(1-\tau)(1+\pi)} - \delta \quad (2-11)$$

其中，A 是子公司所在国一单位资本的折旧抵扣现值，π 是子公司所在国通货膨胀率，γ 为对于母公司留存收益融资和发行新股融资两种情况下贴现率的差异系数，ρ 为贴现率，δ 表示经济折旧率，π 为通货膨胀率。

则税收真实回报率 S 可表示为：

$$S = \frac{(1-m^i)i - \pi}{1+\pi} \quad (2-12)$$

其中，m^i 是利息收入的个人所得税率。由式（2-11）和式（2-12）可得边际有效税率：

$$EMTR = \frac{P-S}{P} \quad (2-13)$$

三、国际税收竞争模型均衡结果与比较静态分析

(一) 国际税收竞争模型

假设有两个国家组成的区域，分别是本国（H）和外国（F），由世界其他地区的居民拥有的跨国公司在两个国家之间迁移。为了考察跨国公司的区位决策，假设资本市场资本作为唯一的生产要素在世界范围内流动。

1. 家庭

假设 H 国有 $n \geqslant 1$ 个家庭，F 国有 1 个家庭。H 国和 F 国的家庭具有相同的偏好。居住在 j 国的家庭的效用函数由下式给出：

$$U_j = y_j + \int \left\{ q_j(i) - \frac{1}{2} [q_j(i)]^2 \right\} di \qquad (2-14)$$

生产一单位的商品需要一单位的资本。国家 j = H，F 国的每个家庭提供一单位的人口。家庭还从其拥有的国内公司获得利润收入 π_j 和由政府一次性再分配的税收收入 R_j。用 $p_j(i)$ 表示在 j 国销售的商品价格，家庭的预算约束是：

$$y_j + \int p_j(i) q_j(i) di = 1 + \pi_j + R_j \qquad (2-15)$$

在预算约束下最大化效用得到家庭的需求曲线：

$$q_j(i) = 1 - p_j(i) \qquad (2-16)$$

跨国公司可以在每个国家市场上独立定价，用 $Q_J(i)$ 表示 j 国的总销售额，两个国家的市场需求为：

$$p_H(i) = 1 - \frac{Q_H(i)}{n} \text{和} p_F(i) = 1 - Q_F(i) \qquad (2-17)$$

2. 公司

我们区分了跨国公司和国内公司这两类公司，假设跨国公司为世界其他地区的居民所有，寻求在 H 国或 F 国建立一个生产工厂。H 国和 F

国的本国公司为当地居民所有，在各国间不可移动；每个国内公司在其本国设立一个工厂，这个工厂也可以出口到其他国家；否则，国内公司就等同于跨国公司。每个公司每单位产出需要 c<1 个单位资本，因此 c 可以解释为边际生产成本。国家之间的单位贸易成本 s 足够小，以保证每个企业的积极出口，即 s<1-c。

3. 政府

H 国和 F 国政府制定税收政策，以最大限度地提高其管辖范围内家庭的效用（社会福利）。社会福利可以用税收收入和消费者剩余表示。各国政府都有两种政策工具：基于来源课征的公司税 τ 和折旧免税额 δ。F 国的政策用"*"表示。假定各国政府能够承诺其宣布的政策。例如，如果 J 国提供较低的企业税率来吸引跨国公司，一旦这些公司进行了投资，政府不会改变既定的政策。

因此，H 国（跨国或国内）公司在 H 国和 F 国销售产品，支付的税款可以表示为：

$$\tau\left[\left(1-\frac{Q_H}{n}-\delta_c\right)Q_H + (1-Q_F-\delta_c-s)Q_F\right] \quad (2-18)$$

相应的税后利润等于：

$$\pi_H = (1-\tau)\left[\left(1-\frac{Q_H}{n}\right)Q_H + (1-Q_F-s)Q_F - c(Q_H+Q_F)\right]$$
$$- (1-\delta)\tau c(Q_H+Q_F) \quad (2-19)$$

以资本边际有效税率（EMTR）表示为：$\alpha-1$，已知：

$$\alpha - 1 \equiv \frac{1-\delta}{1-\tau} = \frac{1-\beta\tau}{1-\tau} - 1 \quad (2-20)$$

以资本边际有效税率改写式（2-19），经过简单的变换得到：

$$\pi_H = (1-\tau)\left[\left(1-\frac{Q_H}{n}\right)Q_H + (1-Q_F-s)Q_F - \alpha c(Q_H+Q_F)\right] \quad (2-21)$$

因此，如果 $\delta=1$，因此 $\alpha=1$，公司税等于纯利润税。如果 $\delta>1$（$\alpha<1$），生产中的资本使用受到隐式补贴（EMTR<0）。如果 $\delta<1$（$\alpha>1$），资本输入受到隐式征税（EMTR>0），给定法定税率和 EMTR，可

计算得出 δ。

4. 均衡结果

政府和企业之间的战略互动可以通过一个顺序博弈表示：

第一阶段：H 国和 F 国同时选择非合作，参与税收竞争。

第二阶段：企业遵守这些政策，跨国公司决定在哪个国家进行投资。

第三阶段：企业选择产出。

下文描述了各国的最佳反应函数和这一博弈的均衡结果。从 H 国的角度考虑参与限制（F 国同理）。如果在 H 国的利润超过 F 国的利润，则跨国公司选择在 H 国设立公司，因此，跨国公司选择在 H 国设立的参与约束是：

$$(1-\tau)\frac{n(1-\alpha c)^2+(1-\alpha c-s)^2}{4} \geqslant (1-\tau^*)\frac{(1-\alpha^* c)^2+n(1-\alpha^* c-s)^2}{4}$$

$$(2-22)$$

国内公司和跨国公司的 α 最佳水平是相同的，在均衡状态下，H 国和 F 国分别设置 $\alpha = \bar{\alpha}, \alpha^* = \bar{\alpha^*}$，其中：

$$\bar{\alpha} = \frac{2c-n+2cn}{(n+2)c} , \quad \bar{\alpha^*} = \frac{2c+2cn-1}{(n+2)c}$$

注意：$\bar{\alpha}^* - 1 < 0$ 和 $\bar{\alpha^*} - 1 < 0$，因此最佳边际有效税率（EMTR）为负值。也就是说，政府应进行补贴投资，以增加消费者剩余。更重要的是，$\alpha(\alpha^*)$ 的最佳水平仅取决于边际生产成本和国家规模。因此，政府最好通过保持其 EMTR 不变，而通过调整公司税率以满足跨国公司参与约束来参与国际税收竞争。

已知 $\alpha = \bar{\alpha}, \alpha^* = \bar{\alpha^*}$，H 国税率的最佳反应函数可表示为：

$$(1-\tau)\frac{n(1-\alpha c)^2+(1-\alpha c-s)^2}{4} -$$

$$(1-\tau^*)\frac{(1-\alpha^* c)^2+n(1-\alpha^* c-s)^2}{4} = 0 \qquad (2-23)$$

最佳反应函数的斜率为正，如果 F 国降低 τ^*，使跨国公司在 F 国取得的利润增加，H 国政府将被迫降低税率以免跨国公司迁移。考虑到参与竞争国家的企业税率，每个国家都会尽量降低其企业税率，以足以吸引跨国公司。当 S>0 和 N>1，由于两国相同的政策和贸易成本的存在，跨国公司倾向于市场规模更大的国家，因此，H 国相对于 F 国具有区位优势。

也就是说，F 国的政府制定公司税率 τ，当公司位于 F 国时，福利（包括消费者剩余和税收收入之和）与当公司位于 H 国时福利（即进口货物的消费者剩余）相等：

$$\frac{(1-\overline{\alpha}^*c)^2}{8} + \tau^*\frac{(1-\overline{\alpha}^*c)^2 + n(1-\overline{\alpha}^*c-s)^2}{4} -$$

$$\frac{(1-\overline{\alpha}^*)c[(1-\overline{\alpha}^*c) + n(1-\overline{\alpha}^*c-s)]}{2} = \frac{(1-\overline{\alpha}c-s)^2}{8} \quad (2-24)$$

用 $\overline{\alpha}$ 和 $\overline{\alpha}^*$ 代替，该方程定义了 F 国的均衡税率 $\overline{\tau}^*(c, n, s)$。

H 国的政府设定 τ 使跨国公司对 H 国或 F 国的定位无差别。τ 的均衡值可以通过设定 $\tau^* = \overline{\tau}^*(c, n, s)$ 并使用 $\overline{\alpha}$ 和 $\overline{\alpha}^*$ 的表达式由式 (2-22) 计算得出。我们用 $\overline{\tau}(c, n, s)$ 表示均衡税率。

考虑到均衡政策 $\overline{\tau}$ 和 $\overline{\alpha}$（$\overline{\tau}^*$ 和 $\overline{\alpha}^*$），可以用式（2-20）来求解均衡折旧免税额 $\overline{\delta}(c, n, s)$ 和 $\overline{\delta}^*(s, n, s)$。对式 (2-20) 微分可得，随着 $\overline{\tau}$ 的变化，$\overline{\delta}$ 必须如何调整，以使 α 保持在 $\overline{\alpha}$，即：

$$\frac{d\overline{\delta}}{d\overline{\tau}} = \frac{1-\overline{\delta}}{\overline{\tau}(1-\overline{\tau})} < 0 \quad (2-25)$$

应注意的是，由于 $\overline{\alpha} < 1$，当 $\overline{\tau} > 0$ 时，$\overline{\delta} > 1$，$\overline{\tau} < 0$ 时，$\overline{\delta} < 1$。同样，对于 F 国，我们得到了 $\frac{d\overline{\delta}^*}{d\overline{\tau}^*} < 0$。也就是说，税率的提高必须伴随着折旧免税额的减少，以使 EMTR 保持在最佳水平。

(二) 比较静态分析

通过计算均衡税率和折旧免税额的对 n、s 的偏导数,考察均衡的政策如何随贸易成本与国家规模变化。可以得到以下结论:

第一,与贸易成本 s 相关的比较静态:如果 s 足够小而 n 足够大,边际贸易成本的增加会提高各国的税率,并降低折旧免税额。s 的增加会使 H 国成为相对于 F 国对跨国公司更具吸引力的地区,H 国的最佳反应函数式(2-22)向外移动,H 国的均衡税率提高。F 国的均衡税率如何随 s 变化可以从式(2-23)中得出。s 的增加引起两种相反的影响:一方面,边际贸易成本的增加会使 H 国成为相对于 F 国对跨国公司更具吸引力的地区,F 国在同等条件下愿意降低税率来吸引跨国公司;另一方面,s 的增加降低了公司在 F 国可以取得的利润,吸引公司只有在其可以征收更高税率的情况下才有利于 F 国。第二个效应在 s = 0 或者当 n 足够大,s > 0 的情形起主导作用,因此,在这种情况下,H 国和 F 国的均衡税率都会增加。市场一体化的过程中,两国之间边际贸易成本减少,从而导致较低的税率,随着税率的降低,折旧免税额必须增加以保持 EMTR 不变,以免扭曲企业的产出选择。

第二,与国家规模 n 相关的比较静态:如果 s 足够小而 n 足够大,H 国相对于 F 国的规模增加,将提高 H 国的税率并降低 F 国的税率,且提高 H 国的折旧免税额并降低 F 国的折旧免税额。由于贸易成本的上升增加了 H 国相对于 F 国的吸引力,H 国和 F 国的税率随着 H 国提高其税率超过 F 国而不同 $\left[\frac{\partial (\overline{\tau} - \overline{\tau^*})}{\partial s} > 0\right]$。而折旧免税额的转换使每个国家的 EMTR 保持不变 $\left[\frac{\partial (\overline{\delta} - \overline{\delta^*})}{\partial s} < 0\right]$。这就意味着:H 国相对于 F 国规模的增加,使得 H 国倾向于提高税率,迫使 F 国降低税率。n 的变化也影响了最佳 EMTR。我们得到 $\frac{\partial (\alpha^* - 1)}{\partial n} = -\frac{2(1-c)}{c(n+2)^2} < 0$ 和

$$\frac{\partial(\overline{\alpha^*}-1)}{\partial n} = \frac{2(1-c)}{c(2n+1)^2} > 0$$。拥有更大的市场降低了 H 国的最优 EMTR，而市场萎缩的 F 国的最优 EMTR 增加。因此，均衡税率和折旧免税额的变化既反映了地点租金的变化，也反映了最优 EMTR 的变化。

四、东道国边际有效税率影响外商直接投资（FDI）规模的传导机制

企业进行投资决策时，首先会进行选择在国内还是在国外投资的初始决策，其次会考虑在哪国投资的"区位决策"。为研究东道国边际有效税率影响 FDI 规模的影响，将影响东道国 FDI 的所有非税因素综合考虑为变量 I，并假设：企业对向本国或他国缴纳税收没有偏好。可以将企业进行投资决策的模型表示为：

$$T^{CTR} = \frac{tax + tax^*}{E} \tag{2-26}$$

$$FDI_{it} = f(T_{it}^{CTR}, t^*, I_{it}) + \mu_{it} \tag{2-27}$$

其中，T^{CTR} 为对外投资企业缴纳的综合有效税率，t^* 为居住国有效税率，tax、tax^* 分别表示企业对外投资在居民国和东道国所缴纳的税收，i、t 为 FDI 东道国和时间。当企业选择进行海外直接投资，东道国作为收入来源地，依据低地域管辖权对企业征税，居住国依据居民管辖权对企业征税。东道国边际有效税率、居住国的税收抵免制度、是否给予税收饶让、是否允许延期纳税等都对 FDI 有重要影响。根据企业投资行为影响因素的理论研究：在不小于一国最优边际有效税率的情况下，随着资本税负的降低，企业的投资收益会因税后利润的增加而得以提升，进而吸引更多资本；在小于一国最优边际有效税率的情况下，随着资本税负的提高，东道国因获得更多的财政收入能够提供更好的公共产品，改善企业的投资环境，提升企业效率从而吸引更多外资，因此，FDI 与边际有效税率的关系可以用图 2-3 中曲线表示。

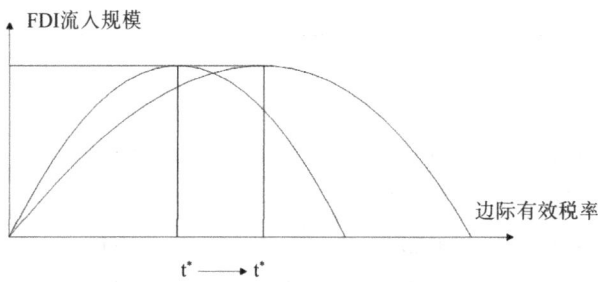

图 2-3　边际有效税率对 FDI 规模的影响

资料来源：作者根据相关资料绘制。

在其他条件不变的情况下，当政府提高税收使用效率、提供良好的投资环境时，可以在较高边际有效税率的前提下吸引外资，既促进辖区经济增长，又促进收入公平分配。边际有效税率与 FDI 关系曲线向右移动。最优边际有效税率增加为 $t^{*'}$。现实条件下，不低于最优边际有效税率的税制设定是一国政府的理性选择，因此，现实条件下边际有效税率与 FDI 负相关。税收因素对 FDI 的影响如表 2-2 所示。

表 2-2　居住国与东道国税收对国际投资的影响

税率	居住国采用抵免法							居住国采用免税法
	东道国缴纳税额不足抵免居住国企业所得税（$T^* > t$）						东道国所缴纳税款超抵免限额（$T^* < t$）	
	居住国饶让东道国税收优惠			居住国不饶让东道国税收优惠				
	居住国允许延期纳税		居住国不允许延期纳税	居住国允许延期纳税		居住国不允许延期纳税		
	收益汇回居住国	收益留存境外		收益汇回居住国	收益留存境外			
外国来源所得综合有效税率 T^{CTR}	$t + dx$	t	$T + x$	$T + d(T - t)$	$T + d(T^* - t)$	T^*	t	t
东道国边际有效税率 t	负相关	负相关	负相关	负相关	负相关	不相关	负相关	负相关

续表

税率	居住国采用抵免法							东道国所缴纳税款超抵免限额 ($T^* < t$)	居住国采用免税法
	东道国缴纳税额不足抵免居住国企业所得税（$T^* > t$）								
	居住国饶让东道国税收优惠			居住国不饶让东道国税收优惠					
	居住国允许延期纳税		居住国不允许延期纳税	居住国允许延期纳税		居住国不允许延期纳税			
	收益汇回居住国	收益留存境外		收益汇回居住国	收益留存境外				
东道国法定税率 T	不相关/负相关	不相关	不相关/负相关	不相关	不相关	不相关	不相关	不相关	不相关
居住国法定税率 T^*	不相关/负相关	不相关	不相关/负相关	负相关	不相关	负相关	不相关	不相关	不相关

注：d 为利息支付比率；当 $T^* > T, X = T^* - T$；当 $T^* < T, X = 0$。

资料来源：作者根据相关资料整理。

根据以上理论分析，可以得到以下检验假设：国际税制竞争力越强（东道国边际有效税率越低），对外商投资的吸引力越大。

第三节 国际税收竞争效应的实证检验
——基于我国对外直接投资（OFDI）的分析

本节主要对国际税收竞争的效应进行实证检验。如上文所述，国际税收竞争对资本和劳动力流动产生影响，并进一步影响经济发展与收入分配。由于影响劳动力流动的因素较多，税收政策的外生性难以确定，因此，国际税收竞争对劳动力流动的影响一般很难确认。本书选取国际税收竞争对对外直接投资的影响这一因素，对国际税收竞争的效应进行实证检验。由于我国对外直接投资区位分布的相对多元化和稳定性，因此，本节基于我国对外直接投资来检验国际税收竞争效应的存在性。

一、数据、变量与模型设立

(一) 样本与资料来源

从我国对外直接投资的区位分布来看,由于数据的可得性,在剔除数据缺失的东道国后,研究样本涵盖了 OECD 和 G20 的 44 个国家,囊括了全球主要发达经济体和发展中经济体。研究的时间段为 2005—2016 年(见图 2-4)。

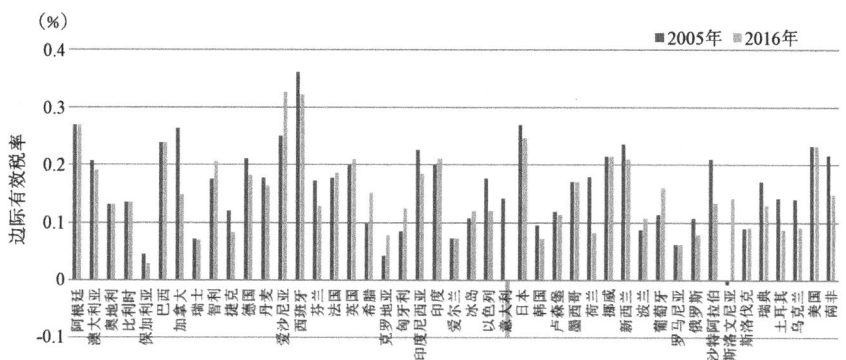

图 2-4 样本国家 2005 年与 2016 年的边际有效税率

资料来源:Katarzyna Habu. CBT Tax Dataset [EB/OL]. (2019.9.19) [2020.1.20]. https://www.sbs.ox.ac.uk/research/centres-and-initiatives/oxford-university-centre-business-taxation/publications.

(二) 变量说明与模型构建

1. 被解释变量

我国对外投资流量具有不稳定的特点,对某些国家的投资流量有很多是负值或零值,无法通过对数化从而减少异方差性以符合经典假设。本书参照已有文献的通常做法,选取我国对外投资存量作为被解释变量。

2. 核心解释变量

本书选取由 OECD 模型测算出的边际有效税率（EMTR）指标以评估国家税制竞争力，作为核心解释变量。

3. 其他控制变量

综合已有文献，在诸多影响对外直接投资的因素中，本书选取了以下变量作为实证研究的控制变量。变量构造与资料来源见表 2-3；表 2-4 则列示了变量的描述性统计结果。

表 2-3　　　　　变量、资料来源与概述

解释变量（取对数）	变量符号	来源	概述
边际有效税率	EMTR	牛津大学商业税收研究中心数据库（CBT Database）、欧洲经济研究中心数据库（ZEW Database）	该变量根据 OECD（2018）前瞻有效税率测算模型测算出的跨国可比较 EMTR
经济自由度	PS	世界银行数据库（World Bank Database）	该变量控制了东道国制度性因素的质量
自然资源储备	NR	世界银行数据库（World Bank Database）	该变量表示东道国自然资源的丰裕程度
国内生产总值	GDP	世界银行数据库（World Bank Database）	该变量表示经济规模的控制变量，包括东道国 2005—2016 年的 GDP
人均国内生产总值	GDPP	世界银行数据库（World Bank Database）	该变量等于 GDP 除以年中人数，反映东道国的富裕程度
距离成本	DIS	法国国际展望与信息研究中心数据库（CEPⅡ Database）	该变量表示中国与目标国家的地理距离乘以国际加权平均油价
市场开放程度	OPEN	世界银行数据库（World Bank Database）	该变量等于东道国的贸易总额除以 GDP
劳动力总数	LABOUR	世界银行数据库（World Bank Database）	该变量表示东道国劳动力资源丰裕程度

表 2-4　　　　　　　　　　变量的描述性统计

变量	观测值数	均值	标准差	最小值	中值	最大值
OFDI	528	184543.77	509011.53	4	19152.5	6057998
GDPP	528	30857.06	23549.39	707.008	24808.38	119225.4
GDP	528	1.1912	2.4612	1.4010	4.3011	1.8613
OPEN	528	89.45	56.22	22.10598	73.30882	410.1716
LABOUR	528	3.3207	7.5707	207425	8967468	5.13e+08
DIS	528	631566.06	319827.97	41370.14	594350.5	1923379
NR	528	19.31	20.63	1.060183	10.61405	91.59165
PS	528	67.84	8.81	43.8	68.2	83.1
METR	528	0.15	0.07	-0.099525	0.1433985	0.361376

为考察边际有效税率（EMTR）对 OFDI 的影响，参考以往的文献，在经典引力模型设定基础上，引入边际有效税率、经济发展水平、投资需求、市场开放程度、制度质量、资源禀赋、劳动力规模等变量作为解释变量。由于投资周期具有长期的特点，故在解释变量中还引入了对外直接投资的滞后一期变量 $OFDI_{it-1}$。本书遵循 Madariaga 和 Poncet（2007）的做法，对所有非比例数据进行对数化以减少异方差性。构造的动态面板回归模型如下：

$$ln\,OFDI_{it} = \beta_0 + \beta_1 ln\,OFDI_{it-1} + \beta_2 ln\,GDPP_{it} + \beta_3 ln\,GDP_{it} + \beta_4 ln\,OPEN_{it} + \beta_5 ln\,LABOUR_{it} + \beta_6 ln\,DIS_{it} + \beta_7 NR_{it} + \beta_8 PS_{it} + \beta_9 EMTR_{it} + \mu_i + \gamma_t + \varepsilon_{it} \quad (2-28)$$

其中，μ_i 为国家效应，γ_t 为时间效应，ε_{it} 为随机扰动项。

二、实证检验及结果分析

由于构造的动态面板回归模型引入了对外直接投资的滞后一期变量 $OFDI_{it-1}$ 难以保证回归结果的外生性，Arellaro，Bond，Blundell 等提出的系统 GMM 方法能够同时解决被解释变量动态变化和解释变量内生性的面板数据估计方法，本书应用 stata 基于系统 GMM 模型、基于 OECD 及 G20 的 44 个成员国 2005—2016 年面板数据，针对边际有效税率对

OFDI 的影响进行检验。表 2-5 是模型回归分析结果。AR（2）的 P 值均大于 0.05，说明不存在二阶自相关。通过了 Hansen 检验，工具变量没有过度识别，说明工具变量具有有效性，因此不存在扰动项自相关问题，且所有工具变量均有效，可以进行 GMM 估计。模型（1）是未引入控制变量集的结果，模型（2）为引入了边际有效税率（EMTR）后的回归结果，东道国经济发展水平、劳动力规模、距离成本、资源禀赋、制度质量的回归系数均满足至少 10% 的显著性水平检验。人均国内生产总值每增加 1%，中国对其直接投资将提高 1.523%，这验证了以往文献中关于中国对外直接投资倾向于流向经济发展水平较高经济体的结论。经济自由度与中国对外直接投资正相关，回归系数为 1.383。自然资源和劳动力与对外直接投资水平正相关，回归系数分别为 0.215 和 1.484。距离成本与中国对外直接投资负相关，回归系数为 -0.317，印证了已有文献对我国对外直接投资相对更偏好邻近国家的论述。边际有效税率（EMTR）的回归系数为 -8.968，并满足 1% 水平下的显著性检验，说明边际有效税率（EMTR）与我国对外直接投资水平负相关，边际有效税率（EMTR）越低，相应的国际税制竞争力越强，则我国对其外直接投资水平越高。

表 2-5　　　　　　　引入 EMTR 的系统 GMM 回归结果

变量	(1) lnOFDI	(2) lnOFDI
L.lnOFDI	0.655***	0.672***
	(0.008)	(0.005)
lnGDPP	1.922***	1.523**
	(0.716)	(0.726)
lnGDP	-0.932	-0.923
	(0.689)	(0.744)
lnOPEN	0.940***	0.149
	(0.104)	(0.143)

续表

变量	(1) lnOFDI	(2) lnOFDI
lnLABOUR	1.661**	1.484*
	(0.715)	(0.762)
lnDIS	-0.339***	-0.317***
	(0.038)	(0.055)
lnNR	0.219***	0.215***
	(0.049)	(0.077)
lnPS	1.664***	1.383***
	(0.293)	(0.518)
EMTR		-8.968***
		(0.329)
_cons	-3.118*	-14.254***
	(1.701)	(2.679)
AR(1)-P	-2.00 (0.045)	-2.10 (0.036)
AR(2)-P	0.52 (0.605)	0.33 (0.745)
Hansen	40.79 (0.908)	39.90 (0.908)
N	484	484

注：***、**、*分别代表显著性水平为1%、5%、10%，括号内的数字为标准误。AR(1)和AR(2)检验的原假设为扰动项不存在自相关，Hansen检验的原假设为工具变量与误差项不相关。

三、稳健性检验

本节主要采用了系统GMM估计方法，进行稳健性检验的时候采用了差分GMM对回归模型进行参数估计，并将两者的结果进行比较；此外，将EMTR替换为EATR（平均有效税率）。可以发现，各个变量的系数符号未发生变动，且系数值的变化也变得更加稳定，标准误也没有明显的变化，因此，可以认为本书的估计结果在不同参数估计方法下是稳健的，研究所得到的结论具有较强的稳定性和可靠性（见表2-6、表2-7）。

表 2-6 稳健性检验

变量	(1) 系统 GMM	(2) 差分 GMM	(3) 系统 GMM	(4) 差分 GMM
L.lnOFDI	0.655***	0.645***	0.672***	0.672***
	(0.008)	(0.007)	(0.005)	(0.007)
lnGDPP	1.922***	2.568***	1.523**	1.716**
	(0.716)	(0.837)	(0.726)	(0.686)
lnGDP	-0.932	-2.470***	-0.923	-1.029
	(0.689)	(0.788)	(0.744)	(0.691)
lnOPEN	0.940***	0.959***	0.149	0.185
	(0.104)	(0.099)	(0.143)	(0.168)
lnLABOUR	1.661**	3.289***	1.484*	1.635**
	(0.715)	(0.800)	(0.762)	(0.698)
lnDIS	-0.339***	-0.325***	-0.317***	-0.346***
	(0.038)	(0.023)	(0.055)	(0.054)
lnNR	0.219***	0.153***	0.215***	0.525***
	(0.049)	(0.037)	(0.077)	(0.077)
lnPS	1.664***	1.246***	1.383***	1.428***
	(0.293)	(0.649)	(0.518)	(0.392)
EMTR			-8.968***	-8.788***
			(0.329)	(0.281)
_cons	-3.118*	-0.889	-14.254***	-14.578***
	(1.701)	(2.710)	(2.679)	(2.773)
AR(1)-P	-2.00(0.045)	-1.98(0.048)	-2.10(0.036)	-2.10(0.036)
AR(2)-P	0.52(0.605)	0.52(0.600)	0.33(0.745)	0.32(0.747)
Hansen	40.79(0.908)	40.92(0.905)	39.90(0.908)	40.08(0.905)
N	484	484	484	484

注：***、**、*分别代表显著性水平为1%、5%、10%，括号内的数字为标准误。AR（1）和 AR（2）检验的原假设为扰动项不存在自相关，Hansen 检验的原假设为工具变量与误差项不相关。

表 2-7　　　　　　　　　　替换变量稳健性检验结果

变量	(1) EMTR	(2) EATR
L.lnOFDI	0.672***	0.572**
	(0.005)	(0.011)
lnGDPP	1.523	1.310
	(0.726)	(0.692)
lnGDP	-0.923	0.633
	(0.744)	(0.771)
lnOPEN	0.149	0.588
	(0.143)	(0.204)
lnLABOUR	1.484	0.038
	(0.762)	(0.795)
lnDIS	-0.317*	-0.400*
	(0.055)	(0.084)
lnNR	0.215*	0.160*
	(0.077)	(0.092)
lnPS	1.383	-1.256
	(0.518)	(0.561)
EMTR	-8.968	
	(0.329)	
EATR		-13.206
		(1.108)
_cons	-14.254***	-9.237**
	(2.679)	(4.473)
AR(1)-P	-2.10 (0.036)	-1.99 (0.046)
AR(2)-P	0.33 (0.745)	0.56 (0.573)
Hansen	39.90 (0.908)	41.66 (0.870)
N	484	484

注：***、**、*分别代表显著性水平为1%、5%、10%，括号内的数字为标准误。AR(1)和AR(2)检验的原假设为扰动项不存在自相关，Hansen检验的原假设为工具变量与误差项不相关。

四、结论与启示

基于 OECD 边际有效税率模型测算出的跨国可比数据可作为国际税制竞争力指标,通过构建投资拓展引力模型检验了其对中国对外直接投资选择的影响。具体研究发现:

第一,东道国经济发展水平、自然资源丰裕程度、劳动力丰裕程度、经济自由度、距离成本以及边际有效税率(EMTR)对中国对外直接投资具有显著的影响。经济发展水平、自然资源丰裕程度、劳动力数量、经济自由度体现出正效应,而边际有效税率、距离成本体现为负向效应。边际有效税率越低,相应的国际税制竞争力越强,则我国对其直接投资水平越高。边际有效税率与我国对外直接投资水平负相关,边际有效税率的降低有利于我国对外直接投资流入东道国,这与国际税收竞争理论分析及国际税收竞争现状特征一致。

第二,我国边际有效税率在包括样本国家和我国的 45 个国家(包括全球主要发达经济体和发展中经济体)中位列第 18 位,处于较高水平。在 OECD 边际有效税率模型的测算过程中所涉及的参数,总的来说可以分为对外直接投资的权重数据、东道国和居住国的税收参数和非税参数。其中税收参数包括:东道国企业所得税、分配股息及利息到国外时的预提所得税率、居住国对留存收益的所得税率、分配股息的预提所得税率、对个人征收的利息、股息资本利得税及对股息和利息的避免双重征税方法。从东道国的角度考虑降低边际有效税率,提高国际税制竞争力,主要应考虑对企业所得税制进行完善,此外价格指数 π 的变动引起 EMTR 的正向明显变动,若取消个人利息所得税,价格指数对 EMTR 的影响可能会减弱。

第四节 国际税收竞争推动国内税制改革

一、国际税收竞争与国内税制改革：一个特征性事实

经济全球化的深入发展加剧了国际税收竞争，从20世纪80年代早期开始，新自由主义税制改革席卷全球（Bird，2012；Slemrod，2004），世界各国的税制完善更注重市场化，给收入分配平等的推进及公共产品的供给带来了严峻挑战。企业所得税的法定税率和个人所得税累进级数特别是中高收入的累进性均有所降低，这一基本趋势在发达国家和发展中国家普遍存在（Kumar和Quinn，2012；Peter、Buttrick和Duncan，2010）。全球企业所得税按GDP的加权平均税率从1980年的46.63%降到了2019年的26.30%；个人所得税最高税率则从1985年的45%降到了2018年的29%。

如图2-5所示，企业所得税税率的走向在高收入国家、中等收入国家和低收入国家都几乎相同[①]。在发达国家，伴随税率下调的是企业和个人所得税各种减免政策数量的减少和范围的缩小（Ganghof，2000；Swank和Steinmo，2002）；在发展中国家，这一趋势主要出现在中等收入国家，而低收入国家为吸引流动资产加大税收优惠力度的行为则造成了税基缩小的结果（Abbas和Klemm，2013；Keen和Simone，2004）。几乎每个国家的所得税累进级数都有所减少（Peter，Buttrick和Duncan，2010）。Devereux、Griffith和Klemm（2002）的研究显示：对于发

[①] 按Kumar和Quinn（2012）的分类方式，将国家分为高、较高收入（中等收入）发展中国家和低收入发展中国家。在约100个国家样本中剔除了避税港和资源型国家。

达国家，企业所得税的平均实际税率与企业所得税法定税率均有所下降。在发达国家和发展中国家，个人所得税平均实际税率普遍下降，虽然发展中国家贫困地区的中高收入人群适用税率并未降低，通胀和频率较低的指数化往往抬高了实际税率（Peter，Buttrick 和 Duncan，2010）（见图2-6、图2-7和表2-8）。

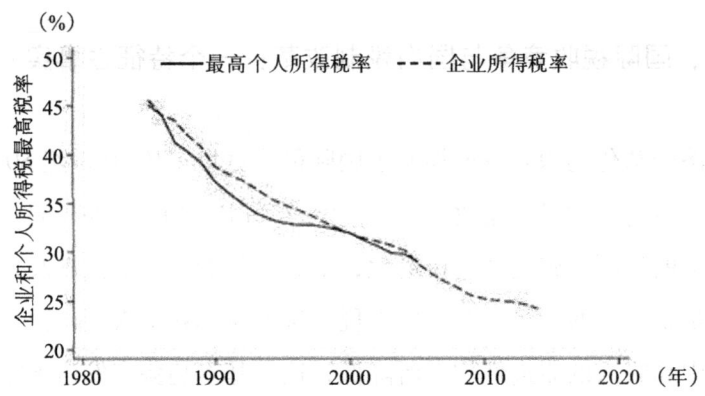

图2-5 全球企业所得税率和个人所得税最高累进税率

资料来源：斯旺克，杜安. 发展中国家税收的新政治经济学［J］. 国际政治经济学评论，2016；23（2）：185—207.

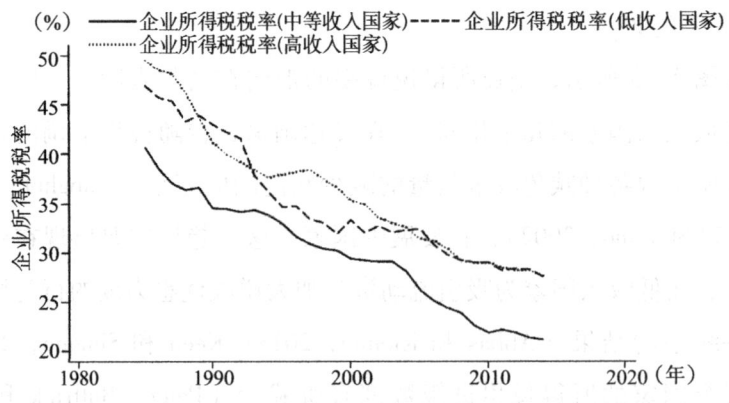

图2-6 高收入、中等收入、低收入国家的企业所得税税率

资料来源：斯旺克，杜安. 发展中国家税收的新政治经济学［J］. 国际政治经济学评论，2016；23（2）：185—207.

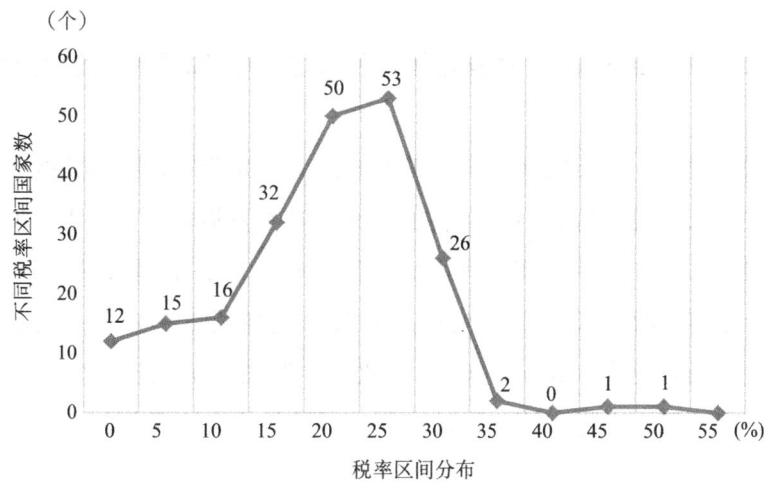

图 2-7　2018 年全球公司所得税法定税率分布

资料来源：世界税制现状与趋势课题组. 世界税制现状与趋势（2018）[M]. 北京：中国税务出版社，2017. 转引自 Tax Foundation.

表 2-8　　　　　　　　2018 年地区或集团公司所得税率

地区或集团	平均税率（%）	加权平均税率（%）	税收管辖区数量（个）
非洲	28.81	28.39	50
亚洲	20.65	26.42	46
欧洲	18.38	25.43	49
北美洲	23.01	26.22	33
大洋洲	22	27.04	17
南美洲	28.08	32.20	13
金砖五国	28.40	27.33	5
欧盟	21.86	26.03	28
G20	27.37	27.18	19
G7	27.63	27.21	7
OECD	23.93	26.58	36
全球样本	23.03	26.47	208

资料来源：世界税制现状与趋势课题组. 世界税制现状与趋势（2018）[M]. 北京：中国税务出版社，2019. 转引自 Tax Foundation.

二、机遇或挑战：对发达国家和发展中国家税制建设的影响

国际税收竞争给发展中国家带来的挑战尤为严峻，因为发展中国家的税收收入一般被认为不足以满足国家的基本发展需要（IMF，2011）。联合国（2005）认为为实现其经济发展目标，发展中国家须在21世纪前几十年将税收收入占GDP的比重从18%提高到22%左右。然而目前这种改变尚未发生（Bahl，2014）。此外，发展中国家收入分配不公问题也颇为严重。世界经济论坛认为日益严峻的收入不平等问题是当代国际社会最大的挑战（Mohammed，2015）。自20世纪八九十年代起，发展中国家贫富差距拉大，21世纪初收入分配不公问题有所加重（Alvaredo 和 Gasparini，2015；Duncan 和 Sabirianova Peter，2012）。发展中国家社会性转移支付多，直接税不足以用来合理再分配，因此，政策制定者面对的困难似乎更大（Bird 和 Zolt，2005）。运用税收竞争模型分析，一般会得出社会福利因税收竞争而大幅下降的结论，因为税收收入无法满足最佳的公共产品供给、集体社保（通过风险分担）和再分配的要求（Keen 和 Konrad，2013；Wilson 和 Wildasin，2004）。此外，要扩大所得税税基，发展中国家就必须在高度经济全球化的背景下面对普遍的逃税（富人利用避税地）和避税（跨国企业转让定价）问题。

Smith（1976）的标准税收竞争模型表明：持有流动资产者可以在各国转移投资，政府纷纷争夺投资。对资本和高收入居民征税持续减少，而对基本无流动性的要素和活动（即大部分劳动和消费）的征税却有所上升。在标准税收竞争模型中，两个规模大致相同的国家会竞相降低流动资本的税率，甚至不惜降至零税率，将税负几乎完全转移到劳动要素上。此外 Wibbels 和 Arce（2003）注意到企业对国家政策的影响力增强，也将强化全球化对降低流动资产持有者征税的压力。此外，一般观点认为贸易的日益开放会强化资本流动性对税收政策的影响：对国际货物和服务市场的竞争将促使政策制定者减少对资本所得征税，减少

雇主社保税和工薪税，以加强成本控制，加大外资吸引力度，提高基本竞争力（Swank，2002）。而饱受争议的"补偿论"则展现了更复杂的结果：贸易的日益开放增加了对国际竞争受损者的补偿支出，提高了经济中受影响行业工人的保障（Cameron，1978；Garrett，1998）。因此，开放也可能使税收收入水平提高（Rodrik，1997）。就发展中国家而言，Nooruddin 和 Rudra（2014）认为多数低收入国家实际上都将推进自由化与补偿机制结合起来。

面对国际税收竞争，政府一方面会应对国际开放造成的普遍压力（税收竞争的基本形式），另一方面也很可能会有针对性地应对竞争国家的政策变化（Basinger 和 Hallerberg，2004；Hayes，2003；Swank，2016）。这种战略互动可能以"斯塔克尔伯格领导力"的博弈形式出现，即一个具有全球影响力的经济体首先开始税制改革（如美国的税收改革）（Kumar 和 Quinn，2012；Swank，2016），后参与竞争的国家可能就会一边关注新的政策变化或政策信号动向，一边在纳什非合作博弈中应对（Basinger 和 Hallerberg，2004）。一国政府也可能观察竞争国家以往的政策变化，以此寻找本国税制改革的线索。Cao（2010）认为政策很可能通过资本流动、贸易和取得国际组织成员身份等形成的国际网络加以传播。一旦一国税收政策有了变化，其竞争国家为吸引国际流动外资、组合投资一定会有所行动；国际组织中的成员国和地缘政治特点类似的国家也会相互效仿借鉴。

在税制改革的传播中，国际货币基金组织所扮演的技术援助传播者或制约性协议执行者的角色也在发展中国家税制改革调研中屡被提及（Bird，2012；Mabugu 和 Simbanegavi，2015）。Wibbels 和 Arce（2003）在分析全球化对拉美税收政策的一项著名研究中也提出了类似看法。Wibbels 和 Arce 认为对拉美而言（对于其他发展中国家同理），对国际货币基金组织等国际金融机构税制改革建议和财务援助的依赖也意味着市场化政策改革的外部压力巨大。此外许多学者强调了国际货币基金组织的制约性或税收政策的示范作用对发展中国家税制改革的重要性

(Bird, 2012; Keen 和 Lockwood, 2010; Mabugu 和 Simbanegavi, 2015; Mahon, 2004)。

Swank 和 Steinmo（2002）发现在发达国家，虽然有关全球化下的国际税收竞争有助于解释所得税结构向市场化的转变，却不能解释资本和劳动实际税率保持稳定、主要税种在 GDP 中占比稳定。Swank 和 Steinmo 认为，国际税收竞争确实有助于减少流动资产持有者的税率和其他市场化改革。但政策制定者必须维持收入，才能面对日益增加的政府支出需求和高企的公共债务。解决困境的可行途径是同时降低法定税率并大幅拓宽税基。低税率可以让一国保留应税所得，不让所得通过转让定价转移至低税国；减少投资抵免和免税额则可以维持收入。

国际税收竞争对发达国家和发展中国家的影响既有惊人的相似，也有明显的差异。相同之处在于：企业所得税和个人所得税减税以及税制结构简化；消费税依赖程度加深；税收结构、要素所得税率和税负稳定性发生范式变化。尽管收入不平等问题加剧，但在全球范围内，效率和发展问题仍超越了公平问题成为优先的考虑。不同之处在于：第一，发达国家使用税收激励政策吸引外资的情况减少，而一些最贫穷国家运用税收手段吸引流动资本的情况有所增加。第二，全球化让富人和跨国企业有了更多逃税避税的机会，发展中国家相对发达国家征税能力弱，拓宽税基成了极为艰巨的挑战。同时，发展中国家的收入不平等问题日益严重，解决起来十分棘手；在当前的环境下，贫穷国家的社会转移支付和直接税税负水平低，再分配收入的能力极为不足。

第三章

国际税收竞争的治理：从税收协调发展的视角

国际税收协调是经济全球化发展到一定阶段后，国际税收竞争必然的发展方向。无序的税收竞争会产生负面效应和无效率，税收协调是避免负面效应和无效率的有效途径。国际税收协调并非竞争的对立面，一定程度的税收协调对良性的国际税收竞争有积极的促进作用。国际税收协调水平是税制竞争力评价指标体系的重要内容之一，它是经济全球化深入发展下主权国家或地区从本国（地区）利益与共同利益出发，通过自身税制完善、颁布共同指令、签订税收协定、信息交换、征管互助等方式，提高本国或国际整体效率与综合福利的一系列相关政策措施。当前国际税收协调的形式逐渐由单边、双边发展为多边共同治理，我们应注意到多边、双边的税收协调和倡议虽然被描述为对所有参与者有益，但"制度性话语权"与"规则创始红利"往往掌握在主要发达国家手中[①]。

第一节 从税收竞争到税收协调：国际税收的自治与共治

国际税收竞争与国际税收协调均是主权国家在全球化背景下国际税收交往的重要方式，国际税收竞争的出发点是本国的经济税收利益，各国对税收管辖权有不同倾向的选择，因此，产生的矛盾和冲突需要予以调节和解决。随着国际税收竞争加剧及经济数字化的发展，国家间的税收分配关系日益错综复杂。国际税收协调是对国际税收竞争的治理，根据国际税收竞争的基本形式，国际税收协调可以相应地分为对于税权划分的协调和争夺税基的协调，包括共治和自治两种路径。国际税收协调

---

① Tsilly Dagan. International Tax Policy: Between Competition and Cooperation (Cambridge Tax Law Series) [M]. Cambridge University Press. 2017. 3 – 4.

的自治指的是单边的税收协调，国际税收协调的共治则主要包括双边或多边的税收协调以及参与国际组织和一体化的经济集团，就有关税收问题达成协议。

一、税收协调水平：税制竞争力的重要影响因素

在我国经济与世界经济不断融合的过程中，如何提高我国税收政策和税收制度对世界经济的适应性，即如何提高国际税收协调水平，是一国税制竞争力的重要体现。如何立足于我国的基本国情，促进我国税收政策与制度的国际协调性，是需要认真加以分析的问题。

(一) 税收协调的影响因素

税收协调程度受诸多因素的影响。总的来说，经济发展水平越接近，接近依存程度越高，税收制度越趋同，可以进行的税收协调程度就越高；合作意愿、一体化程度越低，经济发展水平差距越大，经济依存度越低，税收制度差异越大，可进行税收协调的层次和程度也就越低。

经济发展水平决定着一国在一定时期包括税收政策在内的宏观经济政策制定的目标。一般来说，不同国家所处的经济发展阶段不同。税制结构存在差异，对行使税收管辖权的侧重点也有所不同。如发达国家在税收制度建设过程中，倾向于资本输出中性，追求全球效率；而发展中国家倾向于资本输入中性，追求国内效率。由经济发展水平的差异而决定的征税基本立场的不同，使平衡两者利益颇为困难，从而加大了税收协调的难度。

经济一体化程度决定着税收协调的程度。根据区域成员国让渡国家主权程度的不同，可以将一体化组织从高级到低级排列，可以分为完全的经济一体化、经济联盟、共同市场、关税同盟、自由贸易区[①]。一般

---

① 黄卫平著. 中国加入区域经济一体化研究 [M]. 经济科学出版社，2009：27—28.

而言，一体化水平越高，区域合作的领域越广，程度越深，在税收领域协调的意愿也就越强烈。如欧盟的区域经济一体化程度最高，其税收协调较之其他区域经济组织也更为深入（见表3-1）。

表3-1　　　　　　　　区域经济一体化阶段及特点

阶段	定义	特点
自由贸易区（FTA）	取消成员国间的进口关税和配额；贸易区成员对第三国保持国家关税和配额	符合《关贸总协定》规定；无积极一体化
关税同盟（EU）	在产品市场上减少对成员国的歧视；对外统一关税和配额	符合《关贸总协定》规定；无积极一体化
共同市场（CM）	在实行关税同盟的基础上避免要素流动限制，统一内部市场	超出《关贸总协定》规定，除商品外包括服务统一的内部市场；无积极一体化
经济联盟	在推行共同市场的基础上进一步实现经济、财政、货币一体化	引入积极一体化；界定极为模糊
完全经济一体化	在经济、财政、货币一体化的基础上，实现一定程度的政治一体化，建立超国家机构	集中化；单一国家的设想；引入了超国家的性质

资料来源：雅克·配克斯曼. 欧洲一体化方法与经济分析 [M]. 中国社会科学出版社，2006.

经济依存度是指区域成员国之间的商品、服务、资本、劳务相互流通的频繁程度。经济依存度主要体现为贸易的相互依存度和投资的相互依存度两方面。当区域成员国之间的贸易依存度达到了一定程度，就会产生并达成削减关税和非关税壁垒的共同意愿；而区域成员之间投资的相互依存产生了资本税利益的交织，从而产生了资本税协调的需求。

（二）税收协调的协调方式

直接税的协调具体可分为三个方面：税收管辖权的协调，对企业分配利润和留存利润的协调，对征税对象、税率、减免税等税制要素方面的协调。对税收管辖权的协调可以采用单边、多边和区域经济组织相结合的方式进行协调。单边进行税收管辖权协调的方法主要有免税法、抵免法和扣除法。双边协调的方法具体有：缔约一方将特定税种的税收管辖权全部给予另一方；缔约一方或双方减少课税；在税收协定中采用税收饶让法等；区域经济组织则通过颁布实施相关指令和公约对双边税收协定的局限性进行补充规定。对分配利润及留存利润的协调可以通过区域成员国对该制度的完善，也可以通过区域经济组织颁布相关指令进行协调。对所得税税制要素进行的协调，则可通过经济合作与发展组织（OECD）或联合国等国际组织或区域性组织，通过颁布原则和指南指导敦促相关国家实施，或通过区域经济组织通过发布相关指令的方式，把各国税制要素的差异控制在一定的范围内。

间接税的协调，主要包括增值税、消费税和关税的协调。其中，增值税的协调主要包括增值税的引进、增值税税收管辖权的协调以及增值税税制要素的协调；而消费税协调的重点则在于税制要素的协调；关税协调主要是对关税税率进行协调。协调的具体方式可通过与经济贸易关系密切的国家通过协商和谈判并达成协议，通过经济合作与发展组织（OECD）或联合国等国际组织颁布原则和指南，或通过区域性组织发布相关指令的方式进行税收协调。

税收征管的协调按协调内容的不同可分为国际逃避税行为的税收协调和解决国家（地区）间税收争议的税收协调。其中，防范国际逃避税行为的税收协调形式可分为：（1）税收情报交换，包括专项情报交换、自发情报交换、自动情报交换、同期税务检查、境外税务检查与调查等；（2）税收征收协助，包括税收主张追索、保全措施等；（3）税务文书送达。以上内容基本涵盖了税务执法的调查取证、税务检查和涉税决定等全过程。解决国家（地区）间国际税收争议的税收管理协调主要包括建立完善的相互协商程序和国际税收仲裁程序。税收管理协调的具体途径可以是通过OECD或联合国在税收协定范本或指南中制定关于税收征管协调的条款，并指导督促相关国家落实；国家在签订税收协定时规定关于税收征管的相关条款；区域经济组织通过发布税收征管协调与合作的相关指令。

（三）税收协调的效应分析

1. 对社会福利的影响：释义性图解

区域性税收协调政策的社会福利效应可以用博弈理论的哈马达模型（Y. Hamada，1985）来进行阐释。假定 A、B 两个国家为高度相互依存的两个国家，其社会福利函数即无差异曲线分别为 $U_A = U_A(T_A)$ 和 $U_B = U_B(T_B)$，其中 T_A、T_B 分别代表国家 A、B 的税收政策，无差异曲线距坐标轴越远，表明社会福利水平越高；沿坐标轴方向表示扩张性政策对本国越有利。

一国根据他国的政策来不断调整本国政策，形成了 R_A、R_B 两条反应曲线。一国的反应曲线是其无差异曲线与政策选择函数切点的连线。在不同的政策选择线上，C_A、C_B 分别为 A/B 两国的最大福利点，C_A、C_B 上的点都是两国无差异曲线的切点，是实现"帕累托最优"的点。当不进行税收协调时，各国分别沿着反应曲线移动，在 N 处达到均衡，即古诺均衡点。当一国先采取某一策略 t_B，另一国按照反应函数确定它的跟随政策 t_A，则博弈的均衡点为 S，国家 B 的无差异曲线与反应曲线再次相切，因此是 B 国的最佳决策点，而采取跟随政策的 A 国没有实现福利最大化。可见，在不进行税收协调的情况下，无论是 S 点还是 N 点都远离 $C_A C_B$，因此不能实现帕累托最优。在信息完全的前提下，税收协调政策能够使均衡点落到实现帕累托最优的契约线 $C_A C_B$ 上，使双方的福利水平在不合作的情况下提高很多。

由图 3-1 可知，税收协调政策的实施必定会降低一国的福利，这就需要建立协调成本的补偿机制，使一国的收益能适当地补偿另一国的成本，从而使协调能够顺利地进行。此外，还需要建立违约的惩罚机制，因为国家间的博弈通常是一种多次博弈，因此，参与者不合作的威胁有利于保证税收协调政策的顺利进行。

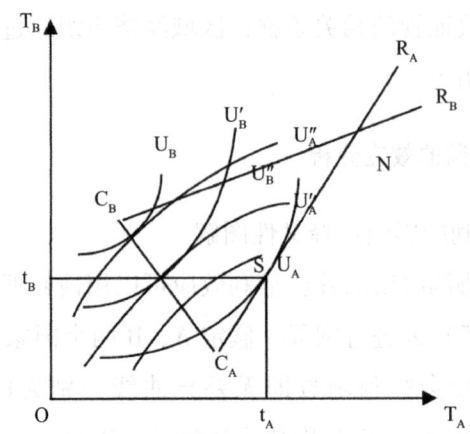

图 3-1　区域性税收协调政策的社会福利效应

资料来源：常世旺. 国际区域性税收协调研究 [M]. 经济科学出版社, 2010.

2. 对收入分配的影响：一个简单的模型

在开放经济条件下，一般认为资本是可以完全自由流动的，而劳动被认为无流动性。世界范围内的资本供给量是一定的，而对于一国的资本市场而言，资本的供给是无限的。当国家征收资本税税率为 t，则资本的最优水平为：$MP_K = r + t$。假设政府部门的目标在于实现社会福利的最大化，而企业部门的目标在于实现利润的最大化，企业利润最大化的条件可表示为：

$$MP_K = r + t + C(K, G) \tag{3-1}$$

其中，MP_K 为资本边际报酬率，C 为企业使用公共品成本，K 为企业规模，G 为公共品供给量。

政府的目标是实现社会福利的最大化，社会福利可用国内居民收入函数来表示：

$$E = Y - r(K - A) - KC(K, G) - G \tag{3-2}$$

其中，Y 为国民总收入，A 为国内资本存量，$r(K-A)$ 为国外资本利息，$KC(K, G)$ 为使用公共物品的总成本。

整理使国内居民收入最大的必要条件，得到式（3-3）。

$$MP_K = r + C(K,G) + K\frac{\partial C}{\partial K} \quad (3-3)$$

比较式（3-1）可得：

$$t^* = K\frac{\partial C}{\partial K} \quad (3-4)$$

由最优公共供给的均衡等式为：

$$1 = -K\frac{\partial C}{\partial G} \quad (3-5)$$

设公共品是不同质的，设比例为 P，由欧拉公式可知：

$$K\frac{\partial C}{\partial K} + G\frac{\partial C}{\partial G} = PC \quad (3-6)$$

将式（3-2）和式（3-3）代入可得：

$$tK - G = CKP \quad (3-7)$$

由式（3-4）可知，企业部门的公共产品使用总成本为正，资本税就是过量的，因而政府会产生降低资本税的动机。Feld 和 Lars（2005）① 认为，公共产品由于国内居民而出现挤占，从而产生负的区域外部性，区域外部性会加强资本税协调的激励，国际公共产品会降低资本税协调的激励。最优税收理论忽略了税收的收入分配效应，在次优条件下，资本税是收入由资本向劳动转移的重要手段，对资本税进行协调可以改变资本所得和劳动所得之间的分配。

由以上论述可知，对于资本税协调的税收政策对于实现区域内的收入分配公平具有重要意义。然而由于国家间经济发展水平差异很大，政治体制呈现出多样性，宗教与文化多元化，各国对公平的偏好必然有所不同，因此会形成不同的税率，只有对公平的偏好基本相同的区域成员国进行资本税的协调时才容易进行。

---

① Feld, Lars（2005）. The Case for Tax Competition, Proceedings from the Workshop on Tax Competition, OeNB, Vienna.

二、有害税收竞争的全球治理与税收竞争政策运用的外部约束条件

在开放经济条件下，各国政府运用包括税收竞争政策在内的各种竞争政策对我国如何保持国内外经济平衡与经济增长都带来了挑战，世界经济结构调整中的税制改革趋势也给我国带来持续的压力。在此背景下，必须对税收竞争政策运用的外部约束条件有清醒的认识，通过改革提升税制竞争力，提高税收服务我国宏观调控目标，促进对外开放的能力，通过合理的税收竞争手段最大化维护我国参与全球化的利益。本节从国际税收竞争共治的角度，来分析我国税制改革与税收政策运用所面对的外部约束条件。

1998年OECD发布的报告《有害税收竞争：一个凸显的全球性问题》是世界范围内首次对于有害税收竞争的规制。报告形成了有害税收竞争的判定标准，具体包括4项关键判定标准和8项附加标准。OECD随之成立有害税收实践论坛（FHTP）以落实相关举措。2001年FHTP将4项关键判定标准调整为3项，2007年上述标准进一步简化为2项，即优惠税制的透明度和有效税制信息交换标准。2015年OECD发布税基侵蚀与利润转移（BEPS）第5项行动计划最终报告与解释声明，其中第5项行动计划报告成果旨在消除或限制国家间有害税收竞争。该报告以1998年有害税收竞争报告为基础，要求各类优惠税制均应满足实质性经济活动的标准。实质性经济活动范围涵盖跨国公司总部、分销中心、服务中心，融资、租赁、基金管理、银行、保险、航运和控股公司，以及知识产权领域的利润转移活动。报告还就知识产权达成关联法共识。2018年有害税收实践论坛组织召开的会议发布《恢复对不征税或仅名义征税的国家应用实质性经营活动》报告。

在BEPS第5项行动计划的框架下，FHTP对于非低税区优惠税制立法进行审查和持续监管。OECD全球税收信息透明和交换论坛制定了

税收透明度合规的评价标准：履行基于请求的税收信息交换（EOIR）规定的评级为"大体合规"以上；承诺实施税收信息自动交换（AEOI），并最迟于2018年首次履行AEOI规定；加入《多边税收征管互助公约》，或已建立广泛的EOIR和AEOI网络。在BEPS第五项行动计划框架下的合规是具有竞争力的税制建设的不二选择。

三、国际税收协调的新发展——基于IFS报告"双支柱"的分析

（一）国际税权划分协调的发展——基于IFS报告"第一支柱"的分析

G20推动的包括BEPS行动计划，《多边税收征管互助公约》《金融账户涉税信息自动交换标准》等一系列税收改革及其在单边、双边或多边的实施推动了新一轮国际税收规则的演变，其中，BEPS第一项行动计划"应对数字经济的税收挑战"的解决方案引起相当程度的关注，或将引起国际税收共治体系的实质性变革，是国际税收改革的焦点所在。因"利润在经济活动发生地和价值创造地征税"的国际税收原则尚未颠覆传统税收规则，除BEPS第一项行动计划外，均是对传统国际税收规则零敲碎击式的修补完善。OECD发布的"BEPS包容性框架下解决经济数字化税收挑战的双支柱方案的陈述报告"（以下简称IFS报告）中的"支柱一"涉及利润分配与连接度规则税权划分的协调。

以Michael P. Devereux为代表的税务专家提出了采纳剩余利润公式分配法的经济数字化税收改革方案，并且Richard Collier，Avi－Yonah等学者的研究对OECD"第一支柱"方案产生了重要影响。此方法首先将跨国公司总利润按"自上而下"的思路，扣除按现有转让定价法并依据独立交易原则确定的常规利润，此为在市场国展开基本分销营销功能获得的回报。其次，按公式分配法确定分配给市场国的剩余利润，并

将剩余利润基于销售额按一定比例在市场国之间分配。值得注意的是，"第一支柱"方案对于剩余利润的定义与《OECD 跨国企业与税务机关转让定价指南（2017）》不同，直接根据公式分配得出。关于应对经济数字化挑战的国际税权划分协调的难点，一方面，传统规则已渗透于税收协定的范本及其注释、税收协定以及各国的国内税制，跨国公司在遵从上已形成了一定的路径依赖；另一方面，由于公式中权重的不确定性，"第一支柱"方案提高了各国进行税权划分的竞争动机，进一步增加了国际税权划分协调的成本。

（二）国际争夺税基协调的发展——基于 IFS 报告"第二支柱"的分析

IFS 报告"第二支柱"提出的"最低有效税率"方案，是旨在解决跨国公司利用"避税天堂"转移利润造成的税基侵蚀问题的一个探索。方案由收入纳入规则和税基侵蚀支出税组成。收入纳入规则相当于在允许税收抵免的情况下对境外利润以特别税率征税。这些利润将在产生时而不是在汇回时计税，因此，企业没有在境外滞留利润的动机。针对公司在境外的分支机构或受控实体所获取的境外收入，若此项收入在当地适用的税率低于最低税率要求，则股东所在国对此项收入可以进行征税。税基侵蚀支出税与来源国征收的预提所得税效果相同。为了防止来源国税基侵蚀的风险，如果向关联方支付的款项在对方国适用的税率低于最低标准，则来源国不允许支付方税前扣除该笔款项，仅对在对方国已缴纳足够税款的收入才给予税收协定优惠待遇。"最低有效税率"方案不仅限制了跨国公司转移利润的能力，也削弱了争夺税基的竞争，包括"专利盒"在内的制度性问题。相对于其他方案，各国可能更容易就这一方案形成共识。

第二节 国际税收协调的基本发展趋势与我国税制建设

第一,国际税收协调主要内容的转变。国际税收协调的主要内容由避免国际重复征税向治理税基侵蚀与利润转移转变。避免重复征税一直以来是税收协调的主要内容。然而随着国际经济、政治形势的变化,据资料显示,跨国公司实际经营地与纳税申报地不一致的情况呈增长趋势,越来越多的跨国公司采取在避税港设立特殊目的机构(SPV)从而转移利润,反映了税基侵蚀与利润转移(BEPS)的严峻形势。跨国企业激进的税收筹划,企业的公平竞争、公平税负权利,引起国家税收流失,导致国际税收秩序的失衡。2013年BEPS行动计划发布,BEPS方略的提出,将近百年来国际税收领域消除双重征税的主题转向对于税基侵蚀与利润转移的治理。各国纷纷从立法和管理两个方面来加强反避税工作,实施反避税调查和监管,从而维护本国税基安全。我国应探索个人反避税制度建设,创新反避税理论研究,加强全球价值链分析、无形资产、集团内劳务、金融领域转让定价、中国市场地域性优势等反避税难点问题的研究。结合BEPS技术理念,形成适合国情并与国际规则协调的反避税体系,从而提升我国税制在反避税领域的竞争力。

第二,国际税收协调方式的转变。国际税收协调方式由双边协调向多边协调发展。自1899年奥匈帝国与普鲁士签订第一个为避免双重征税的税收协定以来,国际税收协定就一直以双边协定为主。随着20世纪60年代区域经济一体化组织、自由贸易区的出现,区域性多边税收协调才逐渐发展起来。多边税收协定与双边税收协定相比,有协调更充分、具有更强的约束力等一系列优点,随着各个国家和地区间合作意愿的不断加强,区域性贸易日益增多,可以预见,区域性多边税收协定会逐渐代替双边税收协定成为税收协调的主要方式。2017年由67国共同签署的《实施税收协定相关措施以防止税基侵蚀和利润转移的多边公约》是这一趋势的又一重要成果。公约签署后,全球1000余份双边税收协定被修订。在多边协调的过程中,我国应注重提高话语权与国际影响力,积极参与国际税收规则的制定与完善,积累经验,提高在国际税权划分中的竞争力。

第三,国际税收协调客体的转变。国际税收协调的客体由以关税为主逐步向协调直接税及其他间接税发展。在过去的几十年内,关税协调一直是税收制度协调的主要内容。现在大部分区域性经济体也多以关税为主要协调内容,如中国-东盟自由贸易区和北美自由贸易区等。欧盟是税收协调程度最高的区域,欧盟的税收协调历程对未来税收制度的协调有一定的启示和借鉴意义。欧盟税收制度协调的历程,经历了以关税协调为核心到目前逐步以直接税和其他间接税为中心的过程。但是由于各国对直接税协调的意愿不是很强,各国对最低税率和税基难以达成一致。我国应积极搭建国际税收协调对话协作平台,如"一带一路"税收合作平台,拓展我国税收协定网络的覆盖范围和协定内容的完善程度,促进贸易自由化和投资便利化。

第四章

具有竞争力的税制建设的理念方向

第一节 目标取向：建设具有竞争力的税制

政府运用税收手段参与国际竞争的根本目的是发展本国经济，改善国民福利，提升本国的整体竞争力。国际经济决定国际税收，科技发展影响国际税收，国际政治制约国际税收。在纷繁复杂的国际政治经济形势下，审慎应对争夺税基的竞争与划分税权的竞争，建设适合我国国情的具有竞争力的现代税制，既是长期的战略任务，又是重大的现实课题，在全面深化改革的总布局中具有重要意义。

一、相关理论及启示

税收竞争与税制建设相关的理论主要有财政交换论（或宪法经济学），优化税制论（或最适课税论、最优税制论），国际税收关系论。对相关理论的分析目的在于：一方面是为了确立本章的研究起点，另一方面则是为研究思路的进一步形成提供必要的启示。

（一）财政交换论的行为假设

国际税收竞争是一种政府竞争行为，区别于传统意义上微观经济主体（企业或个人）的竞争行为，是国家政府作为行为主体，运用国家权力在全球范围内的一种竞争行为。对政府行为方式作出假设是进行国际税收竞争分析的基础。公共选择理论产生于20世纪40年代末，应用经济学方法研究非市场决策问题在研究方法上是经济学的，在研究对象上是政治学的，是经济学与政治学的交叉。政府的行为是公共选择理论十分重要的研究主题。经过长期的历史演变，公共选择理念形成了三个流派：弗吉尼亚学派、芝加哥学派、罗彻斯特学派。布坎南作为弗吉尼亚学派的代表人物于 1986 年获诺贝尔经济学奖。

　　"经济人"假设是现代经济学重要的理论根基，因而是研究和解决政治社会经济问题时必须考虑的客观现实或约束条件。公共选择理论将"经济人"假设由经济学领域拓展到政治学领域。在国际税收竞争中，政府是"经济人"，通过争夺税基的竞争和划分税权的竞争追求本国利益最大化，这种竞争的实质是优化整体税制的竞争，涉及政府的整个税制体系更具吸引力的问题，是各国政府管理效率的竞争。政府除了作为市场竞争主体参与国际税收竞争以外，也是国际税收秩序的维护者。因此，对于多数国家来说，对利益的追求不能仅理解为是自利，而是利己与利他、本国利益和共同利益的结合，政府的行为动机出于对多重因素的考量，国际税收政策的制定是在多重利益之间进行权衡和选择，寻求综合利益最大化的政策措施。国家的利益平衡点不是一成不变的，在不同的制度环境和制度安排下会有所变化，即使在相同条件下，不同国家的比较利益平衡点也不同。

　　公共选择理论将经济市场的交易规则拓展到政治市场活动中。公共选择理论认为政府与公民之间实际上也是一种交易过程，即公民向政府缴税，而政府应向公民提供公共产品和服务，包括国防、教育和社会保障等。这一理念后来演变为西方国家的"纳税人"观念，即从政治交易的理念出发，认为公民向政府缴纳了税赋，相应地，政府就应向公民提供公共产品和服务。这里的税收不是普通的"价格"，国家提供的产品与服务不是普通的商品，国家与纳税人之间的互动也不是普通的市场关系。在国际税收竞争的背景下，随着要素流动性的增强，公民和企业更容易选择"用脚投票"，国家为了实现本国利益最大化，制定竞争与合作战略。在这个市场中，国家为实现本国经济利益的最大化制定战略、政策进行竞争与合作，在这一过程中提高了财政管理效率，促使公共产品与个人偏好匹配，减少政府浪费。

(二) 优化税制论

一国国际税收竞争的均衡选择不仅依赖于本国政策抉择,还依赖于他国的政策选择。研究首先应将问题简化,厘清一国税收政策在封闭条件下的决策,然后逐步深入考虑现实中更为一般和更复杂的情况。最优税收理论为税制建设提供了多个"参照系"或"基准点"。这些"参照系"或"基准点"的重要性不在于直接解释现实,而是为解释现实的进一步理论提供标尺。最优税收理论是现代西方国家税制建设和税制改革的重要理论基础,理想的最优税收理论是超额负担为零的税收制度,符合理想化最优税收的税种有总归税、量能税和庇古矫正税。然而由于现实信息的不完全性,且获取信息需要一定成本,因此,现实的最优税收理论是建立在博弈论和信息经济学的基础上的,这是博弈论和信息经济学在税制建设方面的应用。詹姆斯·莫里斯和威廉·维克里因为对激励条件下的最优所得税的研究贡献而获得1996年诺贝尔经济学奖。

尽管从休谟以来的经济学家均认识到,税收是因无供给弹性的生产活动或产品而开征,可最大限度地降低税收的扭曲效应,然而第一次运用一般均衡的分析方法研究最优税收问题的是由英国著名学者弗兰克·拉姆齐(Frank Ramsey)的论文《对税收理论的贡献》开始的。弗兰克·拉姆齐(1927)研究了仅以商品税取得一定的税收收入,如何设置税率最有效率,提出了等比例法则和逆弹性法则。最优税收理论的发展过程可以分为两个阶段:第一阶段主要从静态角度出发研究最优所得税和最优商品税,并形成了两个基本的分析框架:拉姆齐(Ramsey)的最优线性商品税框架和莫里米尔利斯(Mirrlees)的最优非线性所得税框架;第二阶段将静态最优税收研究拓展为动态最优税收研究。切米利(Chamley,1986)和贾德(Judd,1985)在动态经济的框架里研究最优资本税问题,认为长期最优资本税率为零。由此最优税收理论的研究进入动态最优税收研究。

动态最优税制理论对于商品税的结论与静态税收理论一致，同样是形成逆弹性法则。对于劳动课税在动态化过程中的税制基本延续了米尔利斯（Mirrlees）框架进行研究，其中影响力较大的是 Saez（2001）等的研究，也形成了大致相同的结论。但对于资本课税的研究随着假设及研究方法的不同，结论与劳动收入税的研究结论迥异，甚至相反。从税制建设的角度考虑，最优税收理论有如下启示：根据最优商品税的逆弹性法则与等比例法则，单一比例税率并不是最理想的税制设计，差别税率的采用入理切情。对缺乏需求弹性的商品征收较高的税可以减少额外负担，但出于公平性的考虑，若这些商品主要由低收入者所消费，应减轻其税负。因此，对缺乏需求弹性的奢侈商品课以重税，能同时符合税收的公平原则和效率原则。根据最优所得税理论，税制建设应在资源配置的效率性和收入分配的公平性之间进行权衡。最优税收理论的观点和结论都有严格的假定，不能直接将其观点或结论作为普遍的税制建设原则，要审慎设计，充分考量，以更好地适应国家治理现代化要求，服务于社会主义经济、政治、文化、社会、生态，从而在国际税收竞争中具有竞争力。

（三）国际机制与国际税收关系论

国际机制是指在国际关系特定领域里指导国际行为的原则、规则和决策程序，具有制约性、关联性及权威性。国际机制反映了人类对美好生活的一般追求，得到参与国的一致同意，具有一定程度的合法性、合理性。然而其形成与主导大国的利益和战略需求密切相关，主要反映了主导国家的利益。国家机制形成之后，就成为相对独立的变量，成为不可或缺的国际关系中的公共产品。国际机制的影响作用是潜在而非强制性的，在全球化日益深化的国际政治经济中，国际机制的作用日益突出：第一，国际机制通过建立国际行为规则，约束、规制主权国家的行为。行为体应考虑在国际行为准则制约的范围内寻求自身的最大利益。第二，随着全球化的深化，国际机制不断延展，在全球范围内建立制度体系。国际机制的关联性使其能够对遵循或违反规制的行为进行奖惩。国际机制不仅为国家提供了协调与合作的平台,并引导主权国家在国际机制的框架内制定国家战略政策,寻求国家利益。

国际税收竞争是主权国家国际税收关系的表现形式之一。国际税收关系主要可从两个层面加以理解。从广义角度看,国际税收关系是国家间基于税收管辖权对从事国际经济活动、具有纳税义务的自然人和法人征收所得税、商品税、财产税以及关税等所带来的国家间的税收分配关系。从狭义角度看,国际税收关系主要指由于对跨国所得、利润等课税带来的国家间税收分配关系。国际税收关系主要表现在国家间的税收分配关系和税收协调关系两个方面,其主要内容包括:税收管辖权及其运用,国际双重征税及其避免或消除办法,国际避税的防范等。由于主权国家税收管辖权的存在,决定了跨国纳税人要就其在国家间从事国际经济活动这一行为纳税,任何主权国家有权根据其税收管辖权对其境内的相关国际经济活动进行征税。主权国家既要防范跨国纳税人采用各种国际避税,又要避免双重(或多重)征税的情况。从一定意义上说,国际税收竞争作为一种国际税收关系的一种表现形式,其存在必须首先与国际税收关系的一般框架与基本原则相一致。税收管辖权及其运用、避免双重征税及防范国际避税等国际税收关系的重要内容,都从不同角度与侧面影响与制约着国际税收竞争。

二、具有竞争力的税制的内涵

当前是国际格局大调整期,也是我国比较优势转换实现高质量发展的关键时期。全球经济治理变革面临更大的不确定性,大国博弈、新一轮技术革命等要素,深刻改变了国际经济格局。我国面临着在前沿科技,特别是在数字化、网络化、智能化技术发展和高新技术领域的激烈竞争。随着要素流动更加自由,国家间对资本、人才等生产要素的竞争将日益激烈;随着全球价值链、供应链的深入发展,各国对利益的分配日益关注，围绕全球投资贸易规则制定权的竞争更加激烈。全球经济发展格局与世界税制变革深刻地影响着各国税制建设的战略设计。

税收具有组织收入和调节经济两大职能。从收入职能看，划分税权的竞争已成为争夺收入的重要手段；从调节职能看，争夺税基的竞争已是提高国家经济竞争力的重要方式。既然税收已被作为一种竞争手段，那么税收政策的载体税制，在多大程度上具有竞争优势就成为值得关注的问题。什么样的税制是具有竞争力的？本书认为，需要从历史长河的纵深视野中考察，从国际宽宏视角进行横向比较。首先，具有竞争力的税制是符合时代背景并与当前国际税收规则变化相适应的现代税制；其次，具有竞争力的税制是与其他税制相比有竞争优势的税收制度。

党的十八届三中全会《中共中央关于全面深化改革若干重大问题的决定》中对于现代税制特征的表述，对具有竞争力税制的界定提供了必要的启示。在全面深化改革的新时期，财政是国家治理的基础和重要支柱，科学的财税体制是"优化资源配置、维护市场统一、促进社会公平、实现国家长治久安的制度保障"，税收制度在国家治理体系中居于核心位置。党的十九大报告强调，我国的主要矛盾由"人民日益增长的物质文化需要同落后的社会生产之间的矛盾"转变为"人民日益增长的美好生活需要和不平衡不充分的发展之间的矛盾"，透过表述方式的变化，体现了对于"公平""公正"的更高追求。由"适应市场经济体制"到"匹配国家治理体系"，代表着经济社会更高的发展水平，代表着税收文明更高的发展水平。

党的十九大报告提出："深化税收制度改革，健全地方税系"。党的十九届四中全会的《决定》中提出："健全以税收等为主要手段的再分配调节机制，强化税收调节，完善直接税制度，并逐步提高其比重。"原财政部部长肖捷认为，现代税收制度的建立，"要围绕优化税制结构，加强总体设计和配套实施，推进所得类和货物劳务类税收制度改革，逐步提高直接税比重，加快健全地方税体系，提升税收立法层次,完善税收法律制度框架"①。在 2020 年的全国税务工作会议上,国家税务总局局长王军强调要建设新时代税收现代化的"六大体系",其中包括成熟完备的税收法治体系、合作共赢的国际税收体系。这些都是从不同的层面和角度出发对于现代税制的阐释。

综合前文的分析,本书认为,现代税制是遵循公平、效率、法治的基本原则,着力优化税收调节职能,以适应国家治理现代化要求,服务于社会主义经济、政治、文化、社会、生态的税收制度体系。在开放经济条件下,国际税收是国家税收的国际层面,是具有国际竞争力的税制,是现代税制在国际方面的一个表现。要遵循现代税制的公平、效率、法治的原则,并具有基本特征:第一,从国际宽宏视角进行横向比较,在国际税收争夺税基的竞争中具有跨境税源竞争优势,主要表现为流动税源的有效税负具有竞争优势;第二,从时代背景纵向考察,在国际税收划分税权的竞争中具有与国际税收规则变化相适应的特征,主要表现为经济数字化和反税基侵蚀的税收制度建设具有竞争优势。

三、基本特征一:具有跨境税源竞争优势的税制

从争夺税基的角度来看,具有竞争力的税制的一个基本特征是在国际争夺税基的竞争中具有跨境税源竞争优势,主要表现为流动税源的有效税负具有竞争优势。有效税负一般以有效税率来衡量,前瞻性的有效税率又分为边际有效税率和平均有效税率。平均有效税率用来分析税收对投资地点的选择,而边际有效税率则用来分析投资地点选定以后税收对投资额大小的影响。取得跨境税源竞争优势可以通过降低所得税法定税率、深化税收优惠政策等一系列减轻纳税人负担的税收政策实现。实质上,这些竞相让与税收措施的实质是优化财政管理效率的竞争:一方面,使一国政府的税制体系更具有竞争力和吸引力;另一方面,就提供

---

① 肖捷. 加快建立现代财政制度 [N]. 人民日报, 2017-12-20 (007).

公共产品的效率展开竞争,一国政府必须用尽可能少的税收来提供尽可能好的公共产品。如果一国政府的公共支出不能更加有效率,那么让与税收的竞争措施就难以为继。

外资经济不仅推动经济的持续增长,且促进了我国经济的高质量发展。外资经济对于国家生产力增长、技术进步和产业结构升级、扩大出口和提升出口商品结构、增强研发能力等均发挥了重要作用。近年来,我国在吸引外资方面取得了巨大成就,同时也面临着挑战。2019 年我国新设立外商投资(不包括银行、证券与保险领域)企业共 40888 家,同比下降 32.5%;2019 年实际使用外商直接投资 1381 亿美元(折合 9415 亿元人民币)①。新形势下我国仍应将吸引高质量外商直接投资作为重要的政策目标予以落实。美国税改掀起了新一轮的税收竞争,其中个人所得税是减税规模最大的税种。综合国力竞争说到底是人才竞争,我国应更加积极主动地引进国外人才特别是高层次人才。在此背景下建设具有跨境税源竞争优势的税制在全面深化改革的总棋局中具有重要意义。

四、基本特征二:与国际税收规则变化相适应的税制

从划分税权的角度来看,具有竞争力的税制所具有的另一个基本特征是在划分税权的竞争中与国际税收规则变化相适应,主要表现为经济数字化和反税基侵蚀的税收制度建设具有竞争优势。当国际协调与合作给各国带来的税收总增量保持在一定水平时,对税收增量的竞争将会成为各国的重要目标,也成为影响规则制定的重要因素。2015 年 11 月,二十国集团(G20)安塔利亚峰会公报指出:"要在全球范围内建立公平、现代化的国际税收体系。"G20 委托 OECD 启动的以 BEPS 行动计

---

① 国家统计局. 中华人民共和国 2019 年国民经济和社会发展统计公报 [EB/OL]. (2019 – 2 – 28) [2020 – 6 – 20]. http://www.stats.gov.cn/tjsj/zxfb/202002/t20200228_1728913.html.

划引领的新一轮国际税改，已对国际税收规则产生了重大影响。BEPS包容性框架影响深入，减少税基侵蚀与利润转移，增加税收透明度，促进税收公平和可持续发展成为世界税收发展的共识。与此同时，以经济数字化为代表的新兴业态对国际税收理论与实践都带来了重大挑战。为了争夺数字经济税收，部分国家或地区已出台了单边税收政策。如何在经济数字化背景下在划分税权的竞争中取得竞争优势，成为政策焦点。

2019年OECD在前期工作的基础上发布了应对经济数字化税收挑战的工作计划，提出了应对数字经济的整合方案，包括"两大支柱"："支柱一"利润分配与联结度规则；"支柱二"全球反税基侵蚀方案。除了第一项应对经济数字化税收挑战的行动计划，其他主要是对既有国际税收规则的补充完善，或在既有规则执行上进行协调。当前更易达成共识的是优先解决以往规则不适用的领域的问题。各国在有利于本国利益的规则条款与规则制定主导地位等方面进行竞争。规则制定权是全球经济治理体系中一国国际影响力的具体体现。因此，主要经济体凭借在全球治理中积累的经验和其国际地位来竞争国际规则的制定权，而一些小型经济体也可能力争谋求有利于本国利益的规则条款。

国际经济规则是全球经济治理的主要工具，在国际税收治理实践中，由于历史渊源和现实压力，话语权仍不对称，"制度性话语权"和"规则创始红利"掌握在主要发达经济体手中。虽然上述情况在G20推进BEPS行动计划过程中有一定的改善，以我国为代表的发展中新兴经济体在其中充当了较以往更为积极的角色，但在国际税收活动中话语权仍不对称。在全球价值链和产业链动态变化的过程中，各国将更多地进行税收收入留在本国的竞争。在制定规则的谈判和博弈过程中，我国应认真研究，积极跟进和参与，不能期待别国在制定规则时考虑我国利益，更不能只注重学习规则、遵守规则，而不主动参与创新规则、修正规则。只有积极参与国际税收规则的改革与创新，才能提高我国税制的国际竞争力。

第二节 评价指标：具有竞争力的税制建设的标尺

一、已有税制竞争力指标及其局限性

国际上已有的评价税制竞争力的方法按评价方式的不同可以分为单一指标评价和综合指标评价。其中，采用单一指标评价税制的竞争力的研究，聚焦于税制的某一特征，进行数据采集和比较分析；综合指标评价考虑了多个因素，将多个因素分类，并赋予权重进行比较分析和综合评价。

（一）单一指标评价

采用单一指标评价方法的主要有以下两个典型报告：

1.《税收竞争力研究报告》

加拿大卡尔加里大学的《税收竞争力研究报告》（Tax Competitiveness Report: The Calm Before The Storm）旨在评价美国推行税制改革之后加拿大的税制竞争力，并提出加拿大应减轻资本税收负担的政策建议。该报告分析比较了全球92个国家2010年和2017年的边际有效税率（EMTR）的变化，并分别评价了亚洲、非洲、美洲、大洋洲区域的税制竞争力排名。

2.《福布斯全球税收痛苦和改革指数》

《福布斯》杂志推出的《福布斯全球税收痛苦和改革指数》（Forbes Global Tax Misery and Reform Index）曾饱受诟病，该指数是将一国的所得税、商品税、社会保险税、财产税等六类税种的最高税率相加得出综合排名来评价税制竞争力。税收痛苦和改革指数越高，意味着该国税制竞争力排名越低。这种单一指标的评价方法论将所得税、商品税、社会保

险税、财产税的最高边际税率加总的和越高,则税制竞争力越低。

(二)综合指标评价

采用综合指标评价方法的主要以下面三个报告为代表。

1.《世界纳税报告》

世界银行发布的《世界纳税报告》(Paying Taxes)的方法论,源自《公司税收对于投资和创业的影响》①,以中型本国样本公司的视角,通过四项关键指标:总税率(Total Tax Rate)、纳税次数(Number of Payments)、纳税时间(Time to Comply)、报税后流程指数(Post-filing Index),来进行税收营商环境的综合评价。"总税率"这一指标于2018年被更名为总税费率(Total Tax 和 Contribution Rate),等于所有税费负担占营业利润的比例,意在强调这一指标包括税收以及样本公司负担的所有强制性收费。总税费率越高,表明该国税制竞争力越低。纳税次数反映了需要缴纳的税种和申报纳税次数的个数。纳税次数越多,纳税人的纳税遵从度越低,该国税收管理水平越低,税收竞争力越低。纳税时间是以每年所花费的小时数来衡量的。纳税时间越长,意味着一国税制越复杂,纳税人的遵从度较低,相应的税制竞争力也就越低。报税后流程指数具体包括:增值税退税合规的时间,获得增值税的时间,企业所得税审计合规的时间,完成企业所得税审核的时间。此指标越小,表明税务管理的效率越高,税收竞争力越高。

2.《国际税收竞争力指数》

美国税务基金会的《国际税收竞争力指数》(International Tax Competitiveness Index,简称ITCI)认为,税收竞争力旨在衡量一国税制的两个重要方面:竞争性和中性。竞争性是指:随着资本流动性增强,企业寻求税后利润最大化,因此,较低的边际税率是保持税制高竞争力的

---

① Simeon Djankov, Tim Ganser, Caralee McLiesh, Rita Ramalho, Andrei Shleifer. The Effect of Corporate Taxes on Investment and Entrepreneurship [J]. American Economic Journal: Macroeconomics, 2010, 2 (3).

重要方面。税收中性则是体现为税制对经济的扭曲程度最小（税收的超额负担最小）。《国际税收竞争力指数》包含的指标体系共分为 5 个一级指标：公司税、消费税、个人所得税、财产和国际税收规则。一级指标下设 9 个二级指标、24 个三级指标。计算综合得分点方法是：首先，对下级指标的各变量进行标准差标准化法打分；其次，按其权重求和，从而得到上一级指标的得分，由此得到 5 个一级指标的分数，分别乘以 1/5 就得出一国的综合得分；最后，将最终的分数进行标准化，使得分最高的国家的分数为 100 分（见表 4-1）。

表 4-1　　　　　　　　OECD 国家税收竞争力指数排名

国家	综合排名	公司所得税	个人所得税	消费税	财产税	国际税收规则
澳大利亚	7	28	15	8	3	12
奥地利	12	17	29	11	10	4
比利时	27	25	11	26	27	25
加拿大	15	20	25	7	20	18
智利	32	30	23	28	17	36
捷克	10	9	5	34	13	6
丹麦	24	16	34	17	8	29
爱沙尼亚	1	2	1	9	1	11
芬兰	18	7	27	15	14	23
法国	36	35	35	21	36	24
德国	16	26	26	10	16	8
希腊	30	29	18	31	28	26
匈牙利	14	4	8	35	25	2
冰岛	22	11	28	19	23	22
爱尔兰	17	5	33	23	11	13
以色列	31	27	36	13	15	33
意大利	34	31	31	27	35	27
日本	28	36	32	3	30	21
韩国	26	33	20	2	26	34
拉脱维亚	3	1	6	29	6	7
立陶宛	4	3	3	24	7	17

续表

国家	综合排名	公司所得税	个人所得税	消费税	财产税	国际税收规则
卢森堡	6	23	16	4	19	5
墨西哥	29	32	12	25	9	35
荷兰	9	19	21	12	12	3
新西兰	2	24	4	6	2	9
挪威	19	12	13	18	24	20
波兰	35	13	9	36	33	32
葡萄牙	33	34	30	32	21	30
斯洛伐克	11	14	2	33	4	31
斯洛文尼亚	20	10	17	30	22	15
西班牙	23	22	14	14	32	19
瑞典	8	6	19	16	5	14
瑞士	5	8	10	1	34	1
土耳其	13	18	7	20	18	16
英国	25	15	22	22	31	10
美国	21	21	24	5	29	28

资料来源：Tax Foundation. International Tax Competitiveness Index 2019 [EB/OL]. (2019 - 10 - 2) [2020 - 1 - 20]. https：//taxfoundation.org/publications/international - tax - competitiveness - index/.

3.《国际税收竞争力指南》

《国际税收竞争力指南》（*KPMG's Competitive Alternatives*：*Focus on Tax*，简称 FOT）是对 *KPMG's Competitive Alternatives* 的补充，比较了美国、英国、日本、德国、法国、澳大利亚、加拿大、荷兰、墨西哥和意大利 10 个国家的 111 个城市的税制竞争力。该报告采用综合税收指标分析和比较各国企业总税负的方法，假设美国的综合税收指标为 100，是其他国家和城市的基准，其他国家企业的总税负占美国税负的百分比，就为该国的税制竞争力得分。

（三）现有评价方法的比较分析

总的来说，从现有评价方法看，综合评价方法综合考虑了税制竞争力的多个方面，似乎优于单一指标评价，然而综合评价方法对于评价指标体系设计的科学性要求更高，各指标不同权重的确定尚存在争议，且较少考虑当前经济发展及国际税收领域经济数字化发展的最新动向。已有的评价税制竞争力方法的局限性具体分析如下：

1. 边际有效税率（EMTR）

边际有效税率可以定量分析税制对投资的影响，将税制对投资的影响简化为一个数值。由于资本相对于劳动力具有更强的流动性，作为跨国可比的单一指标，EMTR 对税制竞争力的主要方面（对投资的吸引力）进行客观评价，忽略了税制竞争力的其他方面表现。这种抽象相对于我们客观认识税制竞争力具有一定的意义。然而要全面评价税制竞争力，还需要系统考察税制竞争力的其他方面，结合其他相关指标进行综合分析。

2. 税负痛苦指数（TMI）

福布斯全球《税收痛苦和改革指数》中将最高累进税率简单相加的方法，不能体现普通公民的"税感"，法定最高累进税率也不等同于实际有效税率，且税负痛苦指数的计算只包括中央政府征收的财富税，而未涉及地方政府征收的不动产税。此外，税种权重的确定也值得商榷，各国税制结构不同，各税种所占比重存在较大差异。

3. 《世界纳税报告》（Paying Taxes）

第一，考察范围存在局限性。由于世界银行评价指标过多地强调各国之间的横向可比性，存在纳税指标设计较为简单、采集对象范围偏窄等局限。第二，世界银行评价总税费率指标所依据的并不是各经济体的宏观数据，而是提供一个虚拟企业情况，忽略了企业间差异。第三，评价方法存在局限性。一是税收营商环境评价采用标准化案例假设的方式调查，假定前提较多，评价结果较多依赖受访的专家意见，未能充分反映企业家税感，缺少市场主体的主观评价指标；二是调查地区选取的是最大商业城市，并假设企业家了解并遵守适用的法规，当经济体内地区差异较大时，数据的代表性就会下降。

4. 《国际税收竞争力指数》（ITCI）

《国际税收竞争力指数》中把该指数分为五个一级指标评价税制的竞争力，并赋予每个指标相同的权重，这种方法没有仔细考量国家间税制的差异。目前，发达国家以直接税为主要收入来源，而发展中国家的税制以间接税为主，如果赋予直接税和间接税相同的权重，则有悖实际，难以作出较为科学的衡量。

5.《国际税收竞争力指南》（FOT）

《国际税收竞争力指南》的主要调查对象为10个国家的111个城市，在全球经济大循环的背景下，可以说调查覆盖的范围非常有限，且主要以城市为单位进行评价，而没有在此基础上形成国家整体税制竞争力评价。报告中选用了有效税率进行比较，比直接使用名义税率的评价体系更为科学。

二、具有竞争力的税制指标体系构建

由前述分析可见，国际税收竞争背景下具有竞争力的税制，应遵循现代税制的公平、效率、法治原则，并具有以下两个基本特征：第一，在国际税收争夺税基的竞争中具有跨境税源竞争优势，主要表现为流动税源的有效税负具有竞争优势；第二，在国际税收划分税权的竞争中具有与国际税收规则变化相适应的特征，主要表现为经济数字化和反税基侵蚀的税收制度建设具有竞争优势。对于具有竞争力的税制的分析已在很大程度上内含了税制竞争力的评价指标，即什么样的税制相对而言是具有竞争力的。

（一）基本原则与指标设计

在具体指标设计过程中应遵循以下原则：首先，指标应具有科学性。评价体系中每个指标的设计都应有科学依据和明确的解释，逻辑严谨合理，概念清晰，坚持客观指标优先原则，减少调查误差。其次，指标构建应重视系统性。尽量以精简的指标数量从多角度较为全面地反映一国税制的竞争力，尽可能做到互相联系、互相制约、互相印证；同时，同层次指标之间尽可能界限分明，避免相互交叉。再次，指标应具备可比性。一是横向可比性；二是纵向可比性。评价指标应具有延续性、跨年度可比，便于检验改革成效。

在参考国际上已有的税制竞争力评价指标体系和相关研究成果的基础上，本节采用定量分析与定性分析相结合、宏观和微观相结合、官方统计和实际调研相结合的方法，从"税制体系公平、效率程度""流动性税源的有效税负""税收法治化""经济数字化的制度建设""国际税收协调水平"五个既相互独立又密切的相关维度展开，提出了在国际税收竞争背景下具有竞争力税制的具体评价指标，主要包括5个一级指标、16个二级指标（见表4-2）。

表4-2　　　　　　具有竞争力的税制评价指标体系

一级指标	二级指标	与税制竞争力的关系	指标说明	参考来源
（一）税制体系公平、效率程度	1. 个人所得税最高边际税率	负向	在一定适度的范围内，较低的个人所得税最高边际税率与较高的最高边际税率所适用的费用扣除额相结合是更具竞争力的	《福布斯全球税收痛苦和改革指数》《国际税收竞争力指数》（美国税务基金会）
	2. 个人所得税最高边际税率适用的费用扣除额	正向	此项指标越高，适用最高边际税率的纳税人占总样本的比重越小，则适度降低最高边际税率对总体收入分配差距的影响越小	《国际税收竞争力指数》（美国税务基金会）
	3. 企业所得税扣除制度	正向	包括税基和税额扣除，体现国家与企业间的分配关系和国家之间的竞争关系	Tomoya Ida（2014）；Peter Egger · Horst Raff（2014）
	4. 企业所得税亏损结转规则	正向	亏损结转规则具有减税效应和创新效应，体现了税制公平度	Edgerton（2010）；Drebler等（2013）；毛捷等（2016）
	5. 增值税税基占总消费的比例	正向	增值税税基的宽度体现了税收中性程度，税收的额外负担与税基呈反向关系，扩大税基可以减少额外负担	《国际税收竞争力指数》（美国税务基金会）
	6. 纳税次数	负向	样本公司支付所有税费的次数，体现了税制体系的便利度	《世界纳税报告》（世界银行）

续表

一级指标	二级指标	与税制竞争力的关系	指标说明	参考来源
（二）流动性税源的有效税负	7. 资本平均有效税率	负向	平均有效税率用来分析税收对投资地点的选择影响	M. P. Devereux (2003)
	8. 资本边际有效税率	负向	边际有效税率用来分析投资地点选定以后税收对投资额大小的影响	加拿大卡尔加里大学《税收竞争力研究报告》；Hanappi, T.（2018）；Philip Bazel, Jack M. Mintz（2017）
	9. 涉外税收优惠政策方式与程度	正向	涉外税收优惠政策的适当与合理性。涉外税收优惠的合理性评价一般从税收优惠政策的实施效果看，是否达到了预期目标，做到优惠方向、范围、方式诸方面的统一	本书设计
（三）税收法治化	10. 税法的民主性、科学性	正向	要素齐备，结构完整，内容确定，措辞精确，不存在歧义；税种、征管规则的法律制定适当；易于理解执行；具有稳定性，可操作性	本书设计
	11. 税法的透明度、简化度	正向	反映了税收法规、政策、管理的明确、规范、公开程度与简化程度	本书设计
（四）经济数字化的制度建设	12. 间接税（增值税）经济数字化	正向	间接税（增值税）经济数字化制度建设	本书设计
	13. 所得税经济数字化	正向	所得税经济数字化制度建设	本书设计

续表

一级指标	二级指标	与税制竞争力的关系	指标说明	参考来源
（五）国际税收协调水平	14. 税收协定网络	正向	税收协定网络的覆盖范围和协定内容的完善程度	本书设计
	15. 反税基侵蚀制度建设	正向	反税基侵蚀制度的健全程度	本书设计
	16. 信息交换制度	正向	信息交换制度的健全程度	本书设计

（二）税制体系公平、效率程度指标

具有国际竞争力的税制，要遵循税制优化的基本原则，一个传统意义上公平、效率的税制显然是具有国际竞争力的。公平、效率是支配税收制度废立和影响税收制度运行的深层观念体系，是制定、评价税收制度和税收政策的基本指导思想，公平与效率是一定社会经济关系在税制建设中的反映，其核心是如何使得税收关系一定要适应一定的生产关系的要求。西方财税学界认为公平是税制设计最重要的原则，代表着不同经济社会的发展水平和税收文明的不同水平。效率原则是现代市场经济条件下的重要原则。

从国际税收竞争的视角看，税制的公平、效率程度在很大程度上与传统税收的公平、效率原则相一致。本书的税制公平仍可分为横向与纵向公平，在开放经济条件下，国际税收中的横向公平要求同等收入同等税负。这一目标的实现取决于居住国的抵免税收制度合理与否。而国际税收体系的效率问题，可以分为经济效率和行政效率。本书主要聚焦于经济效率问题，即资源配置的效率问题，国家间资源配置的不平衡决定了从区域一体化的角度来配置资源比从一国配置资源更为优化。财政学家 R. 马斯格雷夫和 P. 马斯格雷夫提出了资本的输入中性和资本的输出中性的原则。中性的税收制度不论是在资本输入行为还是在资本输出

行为中，都不影响跨国纳税人的经济选择。

学术界对于公平和效率的认识尚存在分歧，要给出税制体系公平和效率的评判指标确有困难，由于数据可得性且考虑到横向可比性，本书在税制体系公平、效率程度的可选指标中，选取了个人所得税最高边际税率、个人所得税最高费用扣除额、企业所得税扣除制度、企业所得税亏损结转规则、增值税税基占总消费比例、纳税次数六个指标衡量和评价税制的公平和效率程度。

1. 个人所得税最高边际税率及其所适用的费用扣除额

根据戴蒙德的最优非线性所得税理论[1]，最优个人所得税最高边际税率取决于劳动供给弹性、社会收入分布和政府再分配目标。从效率的角度看，高收入人群往往代表更高的生产能力，过高的个人所得税最高边际税率不利于生产效率。从公平的角度看，个人所得税最高边际税率需要与个人所得税最高边际税率所适用的费用扣除额联系起来考虑。一般来说，个人所得税最高边际税率所适用的费用扣除额越高，适用最高边际税率的纳税人数占总样本的比重越小，那么适度降低最高边际税率对总体收入分配差距的影响越小[2]。由此，我们一般认为在同时考虑效率和公平的分配目标下，在适度的范围内，个人所得税较低的最高边际税率与较高的最高边际税率所适用的费用扣除额是更具竞争力的。

2. 企业所得税扣除制度

企业所得税扣除制度是企业所得税制度的核心，主要包括经济性扣除和政策性扣除。在开放经济条件下，企业所得税扣除制度不仅涉及国家与企业间的分配关系，且关系到国家间的税收竞争。税基式扣除有助于实现社会政策目标、鼓励科技发展，促进税收公平；税额式扣除是消除国际重复征税的重要方式。

---

[1] Diamond, P. A., 1998, Optimal Income Taxation: An Example with a U-Shaped Pattern of Optimal Marginal Tax Rates, American Economic Review, 88.

[2] 李铭，李立. 优化个人所得税税率、级次与级距的设定——基于基尼系数的分解和组间基尼系数变动 [J]. 中央财经大学学报，2019（2）：24—30.

3. 企业所得税亏损结转规则

亏损结转规则包括前转与后转。绝大多数国家实施亏损后转政策，一些发达国家允许前转。企业所得税亏损结转具有减税效应和创新效应。企业所得税亏损结转规则显著影响了企业的跨国投资（Edgerton，2010；Drebler 等，2013）。企业所得税负和企业投资的风险越高，亏损结转规则对企业风险投资的影响越显著（毛捷等，2016）。

4. 增值税税基占总消费比例

增值税税基占总消费比例体现了税收中性和公平程度。从理论上说，增值税税基应包括国民经济各行业，尽可能广泛地对所有使消费者受益或被使用的商品、劳务征税。税收的额外负担与税基呈反向关系，扩大税基可以减少额外负担。增值税税基占总消费比例越大，越能体现税收的横向公平，越能保证增值税抵扣制度的实施，这要求尽可能减少免税项目、差额征税和按简易办法征税的项目。

5. 纳税次数

纳税次数是指反映企业缴纳所有税费（包括个人所得税、增值税等企业代扣代缴的税费）的次数，体现了所缴纳的税项与派款总数、申报频率、支付的方法与频率，代表了税制体系的便利度和遵从成本。如在一国大部分中等规模公司采用了电子申报缴纳税款的便捷形式，即使纳税申报和税款缴纳非常频繁，也将该税种的全年缴税次数视同一次统计。

此部分内容可参见第五章第一节、第二节、第三节。

（三）流动性税源的有效税负指标

本书选取流动性税源的有效税负而非宏观税负作为国际税收竞争力评价指标的原因在于：税制竞争力的一个基本特征表现在对流动性生产要素（资本、劳动）的吸引力，而流动性生产要素（资本、劳动）低的有效税率对国际流动生产要素更具有吸引力。由于财政支出规模决定税收负担的水平，而财政支出规模又决定于一定时期经济社会发展背景下的政府职能，由此决定了一定时期税收的总负担水平是基本"稳定的"，因此，优化税收负担结构是提高税制竞争力的关键。

税收优惠政策方式与程度也是影响税制竞争力的重要因素。具有国际竞争力的税收优惠政策应促进高新技术产业的发展和政府重点支持的产业的发展，实施税收优惠政策降低边际税率，给企业让渡更多的财政收入。本书选取了资本有效税率、税收优惠政策方式与程度指标反映流动性税源的有效税负。

1. 资本平均有效税率

有效税率（ETR）是前瞻性指标，用于评价一项假定的投资未来的税收负担，基于企业所得税率、个人所得税率、预提所得税、税收协定相关规定及各种抵免、扣除方法数据测算得出。有效税率分为平均有效税率（EATR）和边际有效税率（EMTR）。平均有效税率用来分析税收对投资地点的选择[①]，可以较好地捕捉各种税收及非税因素的影响。研究发现，当某一国家或地区的平均有效税率低于某一阈值时，降低平均有效税率才会有利于企业进入。

2. 资本边际有效税率

边际有效税率是对新投资的有效税率，通常被用于公共政策分析去理解税收结构如何影响资本投资，可以综合考察直接影响盈利能力的各种税收因素。一个企业增加投资，直到净投资收益等于资本持有成本。在边际上，投资决策受资本税收的影响，如果税收增加，企业的税收收益低于资本成本，企业将减少投资，只接受那些具有高投资回报率、企业的税收收益高于资本成本的项目。因此，新投资的有效税率是衡量税收如何影响投资的一个好的指标，税率越高，投资越少，反之亦然。

3. 涉外税收优惠政策方式与程度指标

市场经济的灵魂之一是公平竞争，这就要求税收优惠应控制在

---

① Devereux, M. P. & Griffith, R. Evaluating Tax Policy for Location Decisions [J]. International Tax and Public Finance, Vol. 10, P107 – P126. 2003.

"适当"的水平上。税收优惠政策是税收引导资源配置、促进结构调整的重要杠杆。涉外税收优惠的合理性评价一般从税收优惠政策的实施效果看是否达到了预期的政策目标。税收优惠政策方式可以是扩大一般投资的税收激励措施、支持研发和环境友好型投资政策等。不合理的税收优惠政策会干扰资源的优化配置、破坏市场统一、侵蚀税基、导致财政收入的流失、引发逃避税现象,不利于税制的整体竞争力。

此部分内容可参见第五章第三节中"资本有效税率指标的国际比较"及第六章第二节中"国际税源竞争目标下的税制结构与税收优惠"。

(四) 税收法治化指标

具有国际竞争力的税制应吸纳现代的法治价值与理念,以更好地发挥现代税法的功能。税收法治化既是落实税收法定原则的重要路径,同时也是推进国家民主法治建设与国家治理现代化的重要内容。加快税收立法,提高税收立法质量,从而将税制改革与建设纳入法治框架,对于营造良好的制度环境意义重大。税收立法的民主性、科学性和透明度、简化程度可作为反映税收法治化的指标。

1. 税法的民主性、科学性

税法的可执行性有赖于税制设计内容的科学性。具有科学性的税法要素齐备,法律规范内容明确、结构完整、措辞准确无歧义;税种、税收征管规则的法律制定得当;对于不符合国家政策方针的法律法规或条款要及时废止或修订。税收法律易于理解和执行,稳定性佳。税收立法权由立法机关行使,税收立法的各个环节,如税收立法提案的草拟、税收立法草案意见的征求和税收法律出台前的商讨与修改,均体现了广大公民的意志。不具有科学性、可操作性的税制自然谈不上有竞争力。

2. 税法的透明度、简化程度

透明度的要求是 WTO 的基本原则之一。按照透明度原则,税收立法、税收法律、税收行政、税收司法应尽可能公开与明确。透明度反映了税收法规、政策、管理的明确、规范和公开程度。一国的税法透明度越高，越易于纳税人的理解与执行，促进公平竞争，从而利于保持税制竞争力。缺乏透明度的税收法律会降低纳税人投资的积极性，因而不具有竞争优势。复杂晦涩的税制增加了遵从成本，易诱发税收纠纷。近年来，英美等国家在税收立法、司法等方面的透明度有明显改进。如2017年的美国税改法案充分体现了美国在税收法律制定上的严谨性、透明度；又如英国的税务法庭已成为较为成熟的实践，税收司法具有较高的透明度。

此部分内容可参见第五章第四节"进一步的思考：税收法治化建设"。

（五）经济数字化的制度建设指标

数字经济已成为未来经济发展的重要因素，或将引起国际税收规则的根本变革。应对经济数字化带来的税收挑战，参与国际税收规则研究及制定并进行国内税法的衔接、进行制度建设，是税制竞争力的重要影响因素。经济数字化的制度建设主要包括间接税（增值税）经济数字化的制度完善和所得税经济数字化的制度完善。

此部分内容可参见第六章第三节"新兴数字经济税源与中国经济数字化税收制度建设"。

（六）国际税收协调水平指标

一国税收制度的竞争力，很大程度上取决于本国与他国税制间的协调水平。其一，双重管辖权导致的重复征税，阻碍了资源在国际范围内的有效配置。具有国际竞争力的税制体系应能妥善解决国际双重或多重征税问题。其二，反税基侵蚀制度体系，能够维护税法的严肃性和税制的竞争力。

国际税收协调能力需要通过建立相应的制度来保证，主要包括以下三个方面：第一，税收协定网络的覆盖范围和协定内容的完善程度。税收协定是一国税收自治体系和国际共治体系的结合产物，包括缔约双方各自执行税收协定的规则体系。第二，反税基侵蚀制度的健全程度。第三，信息交换制度的健全程度是实体规则的保障，如情报交换、国别信息报告、金融账户信息交换等。

此部分内容可参见第六章第四节"国际税收规则变化与中国国际税收的协调发展"。

（七）指标体系的评价方法

进一步，上述指标体系需要设计调查问卷，结合定性分析将评价指标作量化比较。数据信息采集的范围要广泛，具有普遍意义。一是税务部门报送和取数。由各地税务部门总结自己的改革措施和实际进展，并根据可实现系统取数的指标要求提供一套数据、相关文件等。二是筛选企业样本。在一个时间段内，以一定规模的纳税人作为样本，委托第三方从样本中再随机抽样进行问卷调查，主观评价信息可采用李克特量表法获取样本企业信息。三是委托相关中介机构进行核验与评估。对官方统计和实际调研的信息和数据进行比对，对数据有效性进行评估和核验，力求最大限度地保证调查信息的真实可靠。

综合评价方法建议选用因子分析法。多指标体系的综合评价方法主要有：层次分析法、主成分分析法、因子分析法等。其中，因子分析法相对于其他方法具有客观赋权、能够更好地进行综合评价以及从经济学上对变量进行解释的诸多优势。主成分分析法通过数据投影的方法，在损失较少数据信息的基础上实现了数据的降维，能够把多维指标转化为具有代表意义的税制竞争力的综合指标。上述指标体系由于条件所限，尚未进一步用数据广泛验证，有待于对这一问题进行更为详细的数据分析。

第五章

从具有竞争力税制评价指标的视角对我国税制的审视

第四章提出了在国际税收竞争背景下具有竞争力税制的具体评价指标（包括 5 个一级指标、16 个二级指标），本章建立在第四章分析框架的基础上，就第四章提出的具有竞争力税制的评价指标体系，从四个角度对我国现行税制进行考察。

第一节　宏观考察：开放经济条件下税制的公平、效率程度初探

建设具有竞争力的税制，不仅要考虑税负的高低，还要考虑税负的结构。税制是按照税收原则和税收政策构建的税收体系，是由诸多税种组成的统一体，不同税种在这个统一体中承担了不同的职能，地位有别，角色各异，从而决定了税负分配的安排。税制结构的核心内容就在于税负的分配。税制结构揭示了税负的分配情况，它的差异与变化，实质反映了税收原则与税收政策的差异与变化，是一国税收文明发展程度的体现。设计合理的税收制度对流动性税源具有较强的吸引力，无疑在国际上是具有竞争优势的。

一、开放经济条件下传统公平、效率原则的拓展

（一）传统税收公平、效率原则的演进

公平、效率原则是制定、评价税收制度和收税政策的基本规则，是影响税收制度运行的深层观念体系，是一定社会经济关系在税制建设中的反映，其核心是如何使得税收关系一定要适应一定的生产关系的要求。

根据西方税收学理论，税收原则论产生于 17 世纪，最早由英国古

典政治经济学创始人威廉·配第（William Petty，1623—1687 年）在《赋税论》和《政治算术》中提出税收应贯彻公平、简便、节省三条标准。英国重商主义后半期经济学者詹姆士·斯图亚特（James Steuart，1712—1780 年）在其 1767 年所著《政治经济学原理研究》中提出了赋税法定主义立场、征税最低限度原则和消费比例原则。18 世纪德国官房学派主要代表攸士第（Justi，1705—1771 年）在其所著《财政学体系》中提出了平等、确实、便利等税收原则。英国古典经济学主要代表之一亚当·斯密（Adam Smith，1723—1790 年）在《国富论》中提出了著名的税收四原则：平等、确定、便利、经济。法国古典经济学家西蒙·西斯蒙第（Simon Sismondi，1773—1842 年）在其著作《政治经济学新原理》中补充发展了亚当·斯密的税收原则论：不能对纳税人维持生活必需的部分收入征税，征税不能使财富流向国外。西蒙·西斯蒙第认为，如果对资本征税，国家就会很快陷于贫困、破产甚至灭亡。此外，他倡导轻税以利于资本积累。

19 世纪新历史学派主要代表阿道夫·瓦格纳（A Wagner，1835—1917 年）在总结前人税收原则理论的基础上，提出了四个方面九条原则——财政政策原则：充分、弹性；国民经济原则：以所得为税源、中性；社会正义原则：普遍、平等；税务行政原则：确定、便利、节省。英国剑桥学派创始人马歇尔对税收原则论的贡献在于第一次正式提出中性税收就是超额负担最小的税收，并提出应选择没有需求弹性的物品课税；对所有物品均课征同等数量的税款；课征所得税。当代著名经济学家马斯格雷夫对亚当·斯密以来所有经济学家提出的税收原则进行了总结并提出自己主张的税收原则：税负分配公平，税收中性，税制明确，税收结构有利于实现稳定经济和经济增长为目标的财政政策，税收征管费用应在其他政策目标基础上尽量降低。学者普遍认为，为适应经济发展和社会政策需要，现代税收原则主要包括财政原则（充裕、弹性、便利、节约），经济原则（配置、效率），公平原则（普遍、平等）。

（二）开放经济条件下的税收公平、效率原则

国际税收竞争背景下的公平与效率原则是对传统税收原则的拓展。首先，就跨国纳税人而言，由于缺乏统一的规则，各国的税收体系在对跨境交易行使管辖权时存在冲突。这里的公平仍可分为横向与纵向公平，国际税收中的横向公平要求同等收入同等税负。这一目标的实现取决于居住国的抵免税收制度合理与否。例如，在收入来源国税率低于居住国税率时，限额抵免政策可以实现公平；而当收入来源国税率高于居住国税率时，全额抵免才能够实现公平。

其次，就主权国家而言，公平问题体现为国际税收利益的分配是否合理，即税权划分的公平。G20 国际税改的愿景——"利润在经济活动发生地和价值创造地征税"是横向公平的一个体现。按照国际通行的观点，实现国家间税权划分的公平要遵循两个原则：单一课税原则和受益原则。与单一课税原则相对的就是国际重复征税或者不课税。受益原则的含义是：积极所得的课税权应当归于所得来源国，而消极所得的课税权应当主要归于居住国。税权划分的公平性也受一些其他因素的影响，如对收入来源地的认定。总而言之，国际税收的公平原则要求应确保纳税人在税负轻重上不应遭受歧视或者享受不合理的优惠，且税收利益应在国家间合理分配。

而国际税收体系的效率问题，可以分为经济效率和行政效率。这里的经济效率问题仍然是资源配置效率的问题，国家间资源配置的不平衡决定了从区域一体化的角度来配置资源比从一国配置资源更为优化。财政学家 R. 马斯格雷夫和 P. 马斯格雷夫提出了资本的输入中性和资本的输出中性原则。中性的税收制度不论是在资本输入行为还是在资本输出行为中，都不影响跨国纳税人的经济选择。一般而言，发达国家通常倾向于资本输出中性，追求全球效率；而发展中国家则倾向于资本输入中性，追求国内效率。

就行政效率而言，由于跨国公司的避税行为是内因与外因共同作用

的结果。内因包括纳税人的纳税意识和追求利润最大化的动机,而外因包括信息不对称、纳税遵从成本、税收法制水平等。因此,加强各国间征收管理的合作、解决因信息不对称造成的监管缺失是在全球范围内实现行政效率的必要举措。

二、基于国民收入循环的考察

税制结构有多种分类方式,为了便于考察税制对于公平、效率与便利原则的关系,可以把税制按国民收入循环,从生产、再分配、使用、积累四个环节分为生产税、所得税、消费税和财产税四类税收(见图5-1)。

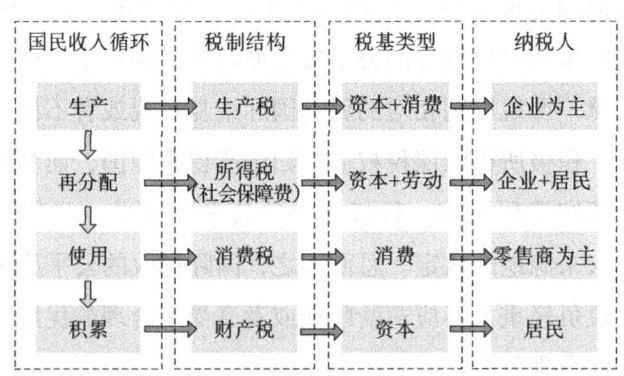

图 5-1 不同征税环节的税基与纳税人

资料来源:吕冰洋. 税制结构理论重构:从国民收入循环出发[J]. 税务研究,2017(8)。

就税制与公平原则的关系来说:第一,在生产环节征税,纳税人以企业为主,由于税收的转嫁性,在这一环节税收对于公平的影响是不明确的。第二,在再分配环节,企业所得税的征收是对于资本要素征税,个人所得税是对资本和劳动要素征税,因此,税收不仅可以调节资本与劳动要素的分配,也可以调节居民之间的收入分配。第三,在使用环节,税收通过居民消费调节收入分配,且由于边际消费倾向递减规律,消费税是累退的。第四,在财富累积环节,通过对典型的存量财富房产和遗产的征税调节收入分配。

就税制与效率原则的关系来说：第一，在生产环节的税收的直接纳税人是企业，虽然税收具有转嫁性，但企业税款的支付形成企业的现金流出，在一定时期内也构成企业的经济负担，且税收转嫁的程度取决于市场条件，因此，在生产环节的税收不利于企业生产。第二，在再分配环节，一般理论认为，企业所得税不利于经济增长，而个人所得税在理论上会对劳动要素和资本要素的供给也有一定的抑制。但由于我国劳动要素充裕，对劳动供给的影响有限，我国资本所得税的比例税率使得其对资本供给的影响也有限。第三，消费税相对于其他类税收在理论上一般被认为是有利于经济增长的。第四，在财富累积环节，征收财产税可以抑制财富过度积累，鼓励消费和投资，从而有利于经济增长。从行政效率的角度来说，生产环节企业所得税的征税效率最高，综合模式下个人所得税、财产税的征税成本较高。由于经济数字化的发展，消费税的征管也面临着挑战。

总的来说，从税制竞争力的角度考察，我国税制集中于生产环节的征税虽然具有行政效率，但是难以发挥对收入分配的调节作用。更值得注意的是，生产环节的税基是资本与消费，再分配环节的税基是资本与劳动，我国税收九成以上征收于生产环节、再分配环节，从而使流动性较强的资本要素的税收负担过重，不利于在国际税收竞争中取得竞争优势。

三、基于收入结构和来源结构的考察

（一）我国收入结构和来源结构失衡

根据经济合作与发展组织（OECD）发布的税收收入结构数据，2016年OECD国家一般流转税、特殊流转税和其他流转税等间接税共计占总税收的比重为35.3%。来自公司所得税、个人所得税和财产税等直接税收入的占比分别为9%、23.8%、5.7%,共计占总税收的比重为38.5%。来自社会保障税和工薪税等社会保障税收的占比分别为26.2%。以现代税收制度为参照系从竞争视角对我国现行税制格局进行审视,可以发现我国的税收收入结构与税收来源结构均存在明显失衡。

首先,从税收收入结构的角度来考察我国现行税制。从表5-1中可以看出,2019年,我国增值税、消费税等间接税税收收入占总税收收入的比重高达59.59%。如果加上具有间接税特征的其他地方税种①,那么我国间接税税收收入占总税收收入的比重接近70%。而直接税,如企业所得税、个人所得税等占税收总收入比重为31.45%。间接税与直接税收入规模之比大致为65∶35。

表5-1　　　　　　　　2019年中国税收收入结构

税种	国内增值税	国内消费税	企业所得税	个人所得税	进口货物增值税和消费税	地方其他税种	全部税收收入
收入额(亿元)	62346	12562	37300	10388	15812	19584	157992
占全部税收收入比重(%)	39.34	6.80	22.58	8.87	10.79	9.41	100

资料来源:财政部国库司.2019年财政收支情况[EB/OL].(2020-2-10)[2020-3-20]. http://gks.mof.gov.cn/tongjishuju/202002/t20200210_3467695.htm.

对比不同类型税制结构国家,可以看出我国税收来源结构是不平衡的(见表5-2)。

---

① 具有间接税特征的其他地方税种包括:土地增值税、耕地占用税、城镇土地使用税、契税等。

表 5-2　　　　　　　　不同类型税制结构国家分布情况

类别	税种结构	高收入国家	中上收入国家	中下收入国家	低收入国家
以直接税为主（不含社保税）	个人所得税为主	瑞士、丹麦、瑞典、美国、澳大利亚、加拿大、爱尔兰、新西兰			
	社保税为主	卢森堡、荷兰、奥地利、比利时、日本、德国、法国、意大利、冰岛、西班牙	伊朗		
	企业所得税为主	新加坡		埃及、不丹	
	均衡型	挪威、英国、以色列、韩国、芬兰、马耳他	哥伦比亚		
以直接税为主（含社保税）	社保税为主	希腊、斯洛文尼亚、葡萄牙、捷克、斯洛伐克、爱沙尼亚、克罗地亚拉脱维亚、立陶宛、匈牙利	波兰、罗马尼亚、土耳其、哥斯达黎加、塞尔维亚	乌克兰	
	均衡型	塞浦路斯	巴西、突尼斯、阿塞拜疆、牙买加	摩洛哥	
以直接税为辅		智利、俄罗斯、哈萨克斯坦、毛里求斯、保加利亚、白俄罗斯、马尔代夫、秘鲁、波斯尼亚、中国、泰国、约旦、阿尔巴尼亚、亚美尼亚、萨尔瓦多、巴拉圭	阿联酋		塔吉克斯坦、阿富汗

资料来源：刘国艳，李清彬，黄卫挺. 从国际比较看我国直接税与间接税比例关系 [J]. 财政研究，2015（4）. 转引自 IMF.

其次,从税收来源结构来考察我国现行税制(见表5-3)。来源于国有企业、集体企业、股份合作企业、有限责任公司、股份公司、私营企业等的税收收入所占比重多达90%,而来源于自然人缴纳的税收不足10%。企业缴纳税收与自然人缴纳税收之比大致为9:1。

表5-3　　　　　　　　2018年我国税收来源结构

类别	国有企业	集体企业	股份合作企业	有限责任公司	股份公司	私营企业	涉外企业	个体经济	其他	全部税收收入
收入额(亿元)	14728	693	468	50985	25858	20175	29185	8073	5574	155739
占全部税收收入比重(%)	9.46	0.44	0.30	32.74	16.60	12.95	18.74	5.18	3.58	100.00

资料来源:国家税务总局.中国税务年鉴[M].中国税务出版社,2019.

税收收入结构和税收来源结构的失衡揭示了我国税制的如下特征:首先,我国税收收入以间接税为主体。我国约70%税收收入来源于间接税。其次,我国税收收入以企业来源为主体。我国约90%税收来自企业缴纳,这表明几乎所有的税收负担首先都是由企业承担,因此,企业"税感"较重。企业作为纳税人要缴纳的税种不仅包括企业所得税、房产税等直接税,还包括增值税、消费税等间接税。虽然所缴纳的间接税可以转嫁给最终消费者,但转嫁的程度要取决于市场条件,且企业是直接纳税人,所缴纳的税款在一定时期内也形成了企业的财务压力。此外,我国企业为职工缴纳的社保费负担过重,远高于国际平均水平,且我国税收难以直接触及自然人。我国税制的这种失衡状态,与典型市场经济国家税制迥异,无法发挥现代税制的功能与作用。

税收收入以间接税为主体,意味着我国税收嵌入价格之内,同商品、服务的价格高度相关。企业是主要的直接纳税人,一方面意味着我国税收绝大部分可以转嫁,税收难以发挥调节作用;另一方面说明至少在初次分配环节,我国企业的税负往往高于国际平均水平、使其在国际竞争中处于不利的地位。我国税收与居民之间对接渠道很窄,且主要对流量征税，对存量的调节缺失，不利于对收入分配的调节。以往税制的设计对于税收的功能和作用，大多考虑的是经济方面的目标，而税收在政治、文化、社会等领域的调节作用，多未充分付诸实施。

（二）重要参照：典型市场经济国家的税制结构

从静态角度考察世界各国的税制结构，总体来说，典型市场经济国家所得税的税收收入比重较高。这一方面是因为较高的经济发展水平、人均国民收入水平和相对较高的税收征管水平为所得税的实施奠定了一定的基础；另一方面是因为高收入国家普遍更重视对收入分配的调节。而中等收入和低收入国家受经济发展水平、国民收入和征管水平的制约，流转税的比重相对较高。发达国家税制结构的特征可归纳为以下四点：

第一，典型市场经济国家的税制结构大致可以分为两种类型。其中一种类型是以美国、日本等为典型代表的发达国家，其直接税比重较高，间接税比重较低。例如2017年，美国和日本的流转税收入占总税收收入的比重分别为15.9%、19.9%，而这两个国家所得税占税收总收入的比重超过70%。另一种税制类型是以广泛开征增值税的欧洲发达国家为代表，其间接税的比重相对较高，如欧盟成员国的间接税占总税收收入的比重远高于美国、日本的水平。

第二，在典型市场经济国家的所得税中，收入分配功能显著的社会保障税和个人所得税所占比重较高，企业所得税的比重相对较低，且企业所得税规模较低。如2017年，美国社会保障税、个人所得税、企业所得税的比重分别为23.1%、38.6%、7.1%；日本税制与其他国家有所差异，其企业所得税的比重偏高，2017年的比重为20.4%，个人所得税占总税收收入的比重为32.1%。

第三，与以财政收入为主要职能的一般流转税相比，特别流转税在世界主要国家的税制体系中占有重要的地位，发挥了重要的政策调节功能。如美国、韩国的特别流转税占总税收收入的比重分别为6.1%、

10.1%，仅略低于一般流转税的规模（分别为7.3%、16.0%）。

第四，世界主要国家均建立了较为完善的财产税体系，包括房地产税、遗产税与赠与税，但各个国家间财产税收入的规模差异较大。经济合作与发展组织成员国财产税占税收收入的比重较为稳定，其均值为5.7%左右。其中2017年超过10%的国家有美国、英国、加拿大、韩国等（分别为15.4%、12.6%、11.9%、11.7%）；超过8%的有法国、希腊等（分别为9.5%、8.1%）；但德国、奥地利仅为2.7%和1.3%（见图5-2）。

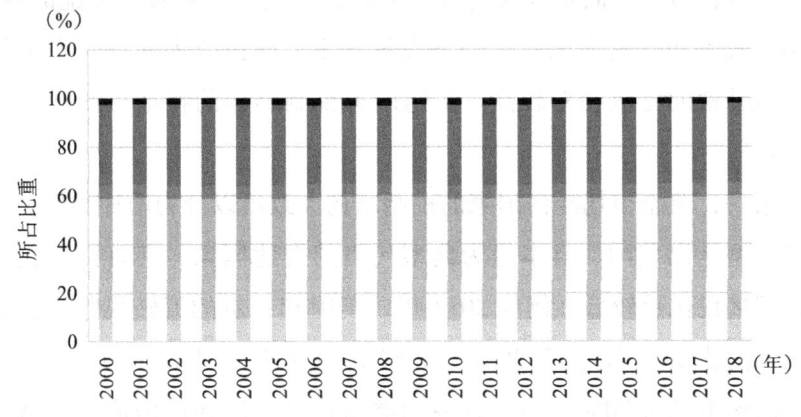

图5-2　OECD国家税收收入结构变化趋势

资料来源：OECD. Tax Revenue Statistics [EB/OL]. (2019.6.20) https://stats.oecd.org/viewhtml.aspx?datasetcode=REV&lang=en.

从构建具有竞争力的税制"税制体系的公平、效率程度"指标的要求看及从税制体系、税制结构的角度看，我国总体来说，仍然是以间接税（流转税）为主的税制结构，但要注意逐步、适当扩大直接税在税制结构中的比重：一是更好地发挥所得税的调节作用；二是逐步扩大财产税在税制结构中的比重，更好地发挥财产税的调节作用。

从动态角度考察，根据经济合作与发展组织（OECD）税收政策改革报告（2018，2019）数据，近年来世界各国公司所得税、个人所得税呈持续降低趋势，但 2019 年公司所得税税率降低的幅度比 2018 年有所放缓。个人所得税向综合税制转化。增值税税率日益简化且不断扩围。2019 年经济合作与发展组织和部分国家进行的财产税改革非常有限，且部分国家进行的财产税改革措施集中在提高对高价值不动产的税收。

第二节　具体考察：主要相关税种的考量

在国际税收竞争背景下，新一轮世界税制改革热潮推动了我国的税制改革。迄今，在新一轮税制改革所涉及的增值税、消费税、资源税、环境保护税、个人所得税、房地产税和税收征管法中，"四税一法"的改革——营改增全面推开、资源税改革顺利推进、消费税征收范围逐步拓展、收征管体制改革全面启动，税制的科学化、法治化水平大幅提高。以下从国际税收竞争视角对具体税种进行考察，受篇幅所限，未涵盖所有税种，仅择其重点而论，具体是个人所得税、企业所得税、增值税。

一、从国际税收竞争视角对个人所得税的考察

"邦之兴，由得人，人才蔚，国运兴"。在国际税收竞争的背景下，个人所得税对于强化国际人才竞争，贯彻新时代"以人民为中心"的发展理念，乃至推进国家治理现代化都发挥着不可替代的作用。个人所得税的主要功能体现为财政功能和调节功能，对劳动供给、储蓄、投资均具调节作用，且能发挥"自动稳定器"和调节收入差距的功能。近年来，我国个人所得税改革已涉及更深层的问题，实现了历史突破，提高了费用减除标准，对分类综合、累进级距、专项附加扣除进行了完善，更趋于体现公平理念和对于人民利益的保护。2019 年个人所得税

10388亿元，同期下降25.1%，是各项减税降费政策中降幅最大的税种①。

从国际视角来看，提高个人所得税竞争力的关键在于进一步提高跨境税源竞争优势和公平性。就提高跨境税源竞争优势来说，个人所得税的税率有待优化，具体包括最高边际税率有待降低，积极所得与消极所得的税率结构也有待调整。在国际上，我国个人所得税最高边际税率属于偏高水平。从国际竞争的角度看，发达国家，如美国，其个人所得税的最高边际税率为33%，加拿大为29%，除法国、德国、日本等少数国家，其余多数发达国家均在35%以下；主要发展中国家除南非外也均低于我国，如俄罗斯为13%，印度为35.54%，巴西为27.5%。最高累进税率偏高，不利于劳动力特别是高收入、高技能人才的流入和保留，极易导致人才流失，不利于我国的人才建设。

已有研究基于最优非线性所得税理论对我国最优个人所得税最高边际税率的测算结果表明，在综合考虑效率和公平的社会分配目标下，我国个人所得税45%的最高边际税率存在下调空间②，应适当降低至35%—40%③。从公平的角度看，个人所得税最高边际税率需要与个人所得税最高边际税率所适用的费用扣除额联系起来考虑，我国个人所得税最高边际税率所适用的费用扣除额高于国际平均水平，适用最高边际税率的纳税人数占总样本的比重极小，经测算适度降低最高边际税率对总体收入分配差距的负面影响十分有限。因此，总体来说，为提高税制竞争力，建议适度下调个人所得税工资薪金所得最高边际税率。

从国际视角来看，除税率之外，以下税制要素也应进一步完善，以提高税制竞争力。

---

① http://www.chinatax.gov.cn/chinatax/n810214/n810641/n2985871/n2985918/c5145885/content.html.

② 李香菊，郑春华. 基于赛斯模型的最优个人所得税最高边际税率研究——以工资、薪金为例[J]. 财经论丛，2018 (12)：21—27.

③ 杨武，刘振亚，李升. 试议我国工薪所得个人所得税最高税率[J]. 税务研究，2014 (3)：54—57.

第一，关于居民身份的认定。首先，我国的个人所得税法规定了居民身份的认定标准，采用了国际通用的183天认定标准。但由于缺乏追溯机制，这种计算方法缺乏灵活性，使外籍个人存在逃避税可能。其次，我国出台的外籍个人所得税优惠政策是否给予优惠仅根据外籍个人在我国的居住时间来认定，缺乏针对性，在当前劳动力流动性增大的条件下，为吸引国际高技能人才，我国在设计税收优惠政策时应更有针对性。最后，习惯性住所的判定原则并不客观有效。

第二，关于所得来源地的判定。首先，缺乏对经营所得来源地的规定。其次，与企业所得税不协调：对租金所得和特许权使用费所得来源地的规定不同，对财产转让所得来源地的规定也不同。最后，与经济数字化的发展不相适应。个人所得税以劳务发生地作为个人独立劳务所得的来源地，随着经济数字化的发展，外籍个人可以实现不必到场提供劳务，这引起了劳务发生地与资源消耗地的不一致，且更难对外籍个人独立劳务所得进行监管。在国际税收规则中，常以固定基地作为个人独立劳务所得的来源地，然而在数字经济的新环境和电子商务广泛应用的新交易模式下，这种固定的营业场所已经不能完全代表纳税人的全部或部分经营行为的发生地。

此外，个人所得税的征收模式要向综合征收迈进。个人所得税的征收模式改革为综合征收的主要阻力在于改革涉及相应征管水平的提升。未来还要探索解决专项附加扣除、反避税等技术性专业性强的问题。需要更多地听取民众的意见，进一步调研，充分论证，涉及对应群体利益问题，要实现多层利益的平衡，要考虑如何更好地落地执行，不可能一步到位。

二、从国际税收竞争视角对企业所得税的考察

根据哈伯格定理，企业所得税对经济增长的负面影响显著。经济合作与发展组织（OECD）（2010）的研究报告认为，企业所得税是对经

济增长危害最大的税种。甚至有研究认为,最优的企业所得税应是零。首先,企业所得税会增加企业负担,降低资本收益率,从而扭曲投资决策,降低资本存量,不利于经济增长。其次,资本存量的减少会降低劳动生产率,影响工资。

近十年我国企业所得税占总税收收入的规模不断上升,由2010年的17.5%上升到2019年的23.6%(见图5-3)。以2018年我国企业所得税占总税收收入22.6%为例,OECD国家的该项平均值仅为8.8%。据OECD统计,2018年企业所得税占总税收的比重,美国为4.4%,英国为8.6%,德国为5.6%,法国为4.6%,西班牙为7.2%,荷兰为9%,意大利为4.5%,均远低于我国。我国企业所得税率与周边其他国家相比也较高。从税率的角度看,2018年我国企业所得税率为25%,相较之下,OECD平均为23.35,俄罗斯为20%,泰国为20%,越南为20%,新加坡为17%,我国香港地区为16.5%、台湾地区为20%。由此可见,我国企业所得税收入规模占总税收收入比重和税率均处于较高水平。

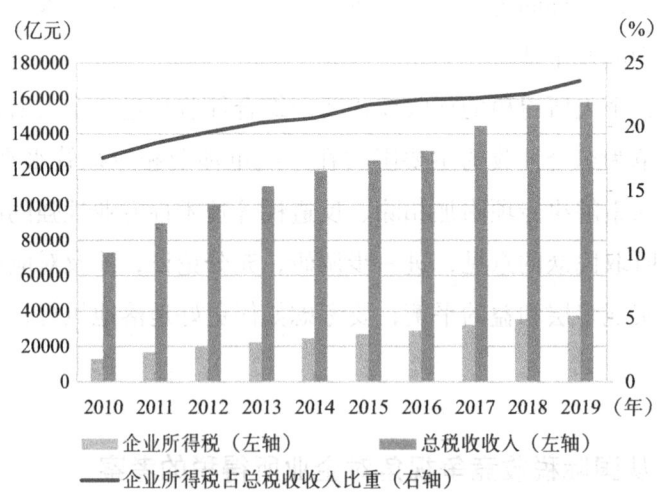

图5-3 我国企业所得税收入占税收收入比重变化

资料来源:国家税务总局. 中国税务年鉴[M]. 中国税务出版社,2019. 财政部国库司. 财政收支情况[EB/OL]. (2020-2-10)[2020-3-20]. http://www.mof.gov.cn/gkml/caizhengshuju/.

企业所得税扣除制度是企业所得税制度的核心，企业所得税扣除政策不仅涉及国家与企业间的分配关系，且关系到国际税收竞争。税额式扣除是消除国际重复征税的重要方式，最常见的税收管辖权的重叠是居民和地域管辖权的重叠。国际通行的方法主要包括扣除法、减免法、免税法和抵免法。我国在抵免法制度框架下企业到低税国进行投资需要补税的问题仍得不到解决。尤其是我国正在推进"一带一路"建设，沿线国家很多属于低税国，此问题更加突出。

企业所得税亏损结转规则包括前转与后转。亏损结转规则显著影响了企业的跨国投资[1]，具有减税效应和创新效应。大部分发达国家与部分发展中国家规定了向后无限结转规则[2]，而我国向后结转期限只有5年，严重制约了政策效应的发挥。这对于长期亏损以及亏损额较大的企业而言，起不到降低税收负担的作用。不允许向前结转，对中小企业发展不利。中小企业不但本身面临的市场风险、利润波动以及资金压力较大，且融资困难，获得的财政补贴也较少，不允许亏损向前结转的规定，不利于缓解中小企业亏损压力，限制了政府与企业共同承担风险的作用。而且，亏损结转政策缺乏弹性，没有根据经济周期的变化来调整亏损结转的方式和期限，难以对经济发挥充分的调节作用。

三、从国际税收竞争视角对增值税的考察

自1993年国务院颁布《中华人民共和国增值税暂行条例》至今，经过近30年的系统改革，我国已经基本建立现代增值税制度。2019年4月实施的增值税改革为供给侧改革提供了助力，减轻了企业成本。然而由于我国实行的是凭票抵扣，且凭的是增值税专用发票，这就可能存

---

[1] Drebler D., M. Overesch. Investment Impact of Tax Loss Treatment—Empirical Insights from a Panel of Multinationals [J]. International Tax and Public Finance, 2013 (20).
[2] Daniel Bunn. International Tax Competitiveness Index 2019 [R]. Washington, DC: Tax Foundation, 2019, 10.

在抵扣率不足的问题，同时实行留抵制度，企业的税负不一定减轻。因此，要结合实际情况审慎考量。增值税税基占总消费比例体现了税收的中性和公平程度。税收的额外负担与税基呈反向关系，扩大税基可以减少额外负担，然而我国增值税免税项目的大量存在，使增值税税基缩减，不利于增值税抵扣制度的实施，有违税收横向公平，从而有损于税制竞争力。此外，对于部分特殊情形的"应税消费行为"税基的确定还有待完善。

下一步要深入推进增值税改革，进一步完善抵扣链条，优化税率结构，完善出口退税等政策措施，构建更加公平、简洁的税收制度，最终形成规范的现代增值税制度。具体来说，需要在以下几个方面进一步推进：

一是减并增值税率，规范增值税优惠政策，进一步优化增值税制。未来要进一步研究现行的16%、10%、6%三档税率的减并，同时规范增值税优惠政策，健全抵扣链条，完善留抵退税制度，以更好地发挥增值税中性的税制优势，为让市场在资源配置中发挥决定性作用奠定良好的税制环境。

二是"营改增"后应按照"将一些高档消费品和高消费行为纳入消费税征收范围"的要求，将原属于营业税适用高税率的高档消费通过征收消费税进行有效调节。

三是要按照有利于发挥中央和地方两个积极性的原则，在完善中央与地方事权和财力相适应的体制机制的统筹考虑下，优化增值税分享比例和分享方式。

四、经济数字化的发展形势下相关税种面临冲击与挑战

随着经济数字化的发展，我国企业所得税还面临以下冲击与挑战：第一，在经济数字化的背景下，应税所得的确定变得相对困难。一方面，数字交易的类别难以识别。经济数字化的发展对现行的企业所得税

中应税所得的认定标准形成了较大冲击。数字化、网络化带来的交易方式的改变，模糊了所得税法对于各类所得认定的传统界限，尤其是营业所得、特许权使用费所得和财产转让所得之间的界限。在种类繁多的各种数字经济商业模式下产生的所得，依据什么样的规则识别其属性，有待于进一步形成国际共识，确立明确的国际规则。另一方面，数字交易定价也难以确定。经济数字化下的企业从来源国用户收集的大量数据资源，为价值创造做出了重要贡献，但在现行税法规定的利润分配中其价值没有得到相应的补偿，在现行税收协定和所得税法中没有相应的规定，从而无法使数据的价值反映在企业的财务报表中。因此，如何确定数据的价值也亟待解决。第二，经济数字化的税基侵蚀。OECD应对经济数字化税收挑战的"双支柱"方案中的"支柱二"主要解决双重不征税问题。经济数字化使税基侵蚀和利润转移问题更加严重。转让定价、受控外国公司等反避税工具均需要结合经济数字化的发展进行完善。

经济数字化的发展给增值税制度带来了新的挑战。根据OECD《国际增值税/商品服务税指南》，多数发达国家已对跨境服务和无形资产交易的增值税制度和征管进行相应的完善，然而多数发展中国家尚未采取相应的措施。经济数字化背景下跨境增值税征收的基本问题是落实消费地原则，消费地原则是指商品、服务和无形资产的消费地享有征税权。一方面，对出口数字产品和服务免税，增强我国跨境数字交易企业的国际竞争力；另一方面，对进口数字产品和服务按我国增值税相关规定征收增值税。遵循欧盟和其他国家的做法，对跨境数字经济企业设定标准，符合条件的企业依法注册登记，并代收代缴跨境交易增值税。

第三节 微观考察:流动性资本、利润的税收负担

一、资本有效税率指标的国际比较

有效税率是"向前看"指标,用于评价一项假定的投资未来的税收负担,基于企业所得税率、预提所得税、税收协定相关规定、各种抵免、扣除方法等综合数据测算得出。有效税率(ETR)分为平均有效税率(EATR)和边际有效税率(EMTR)。由于不同的税率决定了国际税收竞争的性质,对于国际税收竞争的考察,需要综合考虑法定税率与前瞻性有效税率的影响。一般而言,利润转移受法定税率影响,资本流动受边际有效税率影响,投资决策受平均有效税率影响[1]。仅考虑法定税率就忽略了有效税率对投资决策和资本流动的影响,而仅考虑有效税率对税基的影响就忽略了法定税率对利润水平和其他经济变量的影响。

平均有效税率(EATR)用来分析税收对投资地点的选择,而有效边际税率(EMTR)则用来分析投资地点选定以后税收对投资额大小的影响。EATR可以较好地捕捉各种税收及非税因素的影响。研究发现,当某一国家或地区的EATR低于某一阈值时,降低EATR才会促使企业进入。EMTR是对新投资的有效税率,一个企业增加投资,直到净投资收益等于资本持有成本,如果税收增加,企业的税收收益低于资本成本,企业将减少投资,只接受那些具有高投资回报率且企业的税收收益高于资本成本的项目。因此,新投资的EMTR,是衡量税收如何影响投资额的一个好的指标,税率越高,投资越低;反之亦然。

---

[1] Michael P. Devereux, Simon Loretz. What Do We Know About Corporate Tax Competition? [J]. National Tax Journal, 2013, 66 (3).

由经济合作与发展组织开发的测算 EATR 与 EMTR 的理论模型（2018）是当前国际上最成熟且被广泛应用的有效税率测算模型。OECD 测算有效税率的模型建立在 Devereux 和 Griffith（1999，2003）开发的理论模型基础上。牛津国家商业税收中心（CBT）和欧洲经济研究中心（ZEW）公开了可在国家层面进行比较的有效税率（ETR），本书选取了 2005—2017 年部分高收入国家与中等收入国家（"金砖五国"）的 EATR 与 EMTR 进行比较（见表 5-4、表 5-5）。需要说明的是，由于数据的可得性，2018 年美国税改方案实施后所引发的新一轮国际税收竞争的影响未被涵盖于表中。

在本书所选取的国家中，通过国际比较可以发现，不论是高收入国家还是中等收入国家，总体上 EATR 与 EMTR 都呈逐步下降趋势，是全球流动性税源有效税负普遍降低的一个缩影。从 EMTR 的角度看，2015 年以来高收入国家的 EMTR 与中等收入国家相比，有较大程度的降低。如考虑到 2018 年以来新一轮国际税收竞争的影响，实质上高收入国家 EMTR 已有更大程度的降低，从而较大程度地提高了税制竞争力。我们还应注意到，流动性税源的有效税负只是外商投资环境的影响因素之一，高收入国家其他诸方面因素的建设水平相对于中等收入国家也具有显著优势。从 EATR 的角度看，高收入国家的 EATR 普遍高于中等收入国家，高收入国家由于具备较好的投资环境，能够在较高税负的前提下吸引资本，从而既能"抓住"资本，同时又保证了财政收入。

2005—2017 年我国的 EATR 与 EMTR 在本书所选取的国家中低于平均水平，是比较具有竞争力的，同时我国的投资环境也在不断改善。然而考虑到 2018 年以来新一轮国际税收竞争的影响，越来越多的国家进行了税制改革，大幅降低了边际有效税率，我国在流动性税源有效税负上的竞争优势相对减少。联合国贸发会预测，由于受疫情影响，2020 年全球国际直接投资（FDI）流量将下降 30% 至 40%。可以预计，我国对外直接投资面临较大的下行压力。因此，为获得竞争优势，我国需要考虑进一步降低边际有效税率。

表 5-4　2005—2017 年部分国家资本边际有效税率

国家类别	国家	2005年	2006年	2007年	2008年	2009年	2010年	2011年	2012年	2013年	2014年	2015年	2016年	2017年
高收入国家	日本	26.97	26.97	26.97	26.97	26.97	26.97	26.97	26.97	24.72	24.72	22.85	20.87	19.23
	韩国	9.56	9.56	9.56	9.56	9.56	8.10	8.10	7.19	7.19	7.19	7.19	7.19	7.19
	美国	23.25	23.25	23.25	23.25	23.25	23.25	23.25	23.25	23.25	23.25	23.25	23.25	23.25
	澳大利亚	20.79	20.79	19.09	19.09	19.09	19.09	19.09	19.09	19.09	19.09	19.09	19.09	19.09
	加拿大	26.43	26.43	26.43	19.64	19.64	17.84	15.93	14.92	14.92	14.92	14.92	14.92	14.92
	德国	21.19	18.51	13.29	18.17	18.17	15.12	18.17	18.17	18.17	18.17	18.17	18.17	18.17
	法国	17.84	17.51	17.51	17.51	17.51	17.51	17.51	18.62	18.62	19.92	19.92	19.92	19.92
	英国	19.99	19.99	19.99	19.99	19.99	21.62	22.84	22.25	20.97	19.81	18.03	18.03	17.14
	荷兰	17.93	16.63	13.08	13.08	13.08	8.60	8.15	8.15	8.15	8.15	8.15	8.15	8.15
	平均值	20.44	19.96	18.79	18.58	18.58	17.57	17.78	17.62	17.23	17.25	16.84	16.62	16.34
中等收入国家	中国	19.17	19.17	19.17	16.23	16.23	16.23	16.23	16.23	16.23	16.23	16.23	16.23	16.23
	俄罗斯	10.69	10.13	10.13	10.13	10.13	7.89	7.89	7.89	7.89	7.89	7.89	7.89	7.89
	巴西	23.91	23.91	23.91	23.91	23.91	23.91	23.91	23.91	23.91	23.91	23.91	23.91	23.91
	印度	20.03	21.97	21.97	22.20	22.20	21.67	21.67	21.07	21.07	22.27	22.76	22.76	22.76
	南非	21.61	20.95	20.95	19.25	19.25	19.25	19.25	19.25	14.83	14.83	14.83	14.83	14.83
	平均值	19.08	19.22	19.22	18.34	18.34	17.79	17.79	17.67	16.79	17.03	17.12	17.12	17.12

资料来源：牛津大学商业税收研究中心. Centre for Business Taxation Tax Database 2017 [EB/OL]. (2019-10-2) [2020-6-20]. https://ora.ox.ac.uk/objects/uuid:81f28d9a-fe6e-445b-8d34-a641b573d986.

表5-5　2005—2017年部分国家资本平均有效税率

国家类别	国家	2005年	2006年	2007年	2008年	2009年	2010年	2011年	2012年	2013年	2014年	2015年	2016年	2017年
高收入国家	日本	36.04	36.04	36.04	36.04	36.04	36.04	36.04	36.04	33.59	33.59	31.50	29.21	27.26
	韩国	22.54	22.54	22.54	22.54	19.82	19.82	19.82	18.01	18.01	18.01	18.01	18.01	18.01
	美国	34.85	34.85	34.85	34.85	34.85	34.85	34.85	34.85	34.85	34.85	34.85	34.85	34.85
	澳大利亚	27.09	27.09	26.63	26.63	24.03	26.63	26.63	26.63	26.63	26.63	26.63	26.63	26.63
	加拿大	32.83	32.83	32.83	29.19	28.75	27.00	24.59	23.27	23.27	23.27	23.27	23.27	23.27
	德国	33.76	33.13	25.85	27.04	26.28	26.28	27.04	27.04	27.04	27.04	27.04	27.04	27.04
	法国	29.73	29.30	29.30	29.30	29.30	29.30	29.30	30.73	30.73	32.35	32.35	32.35	32.35
	英国	26.87	26.87	26.87	26.87	25.66	25.96	26.33	24.80	23.04	21.16	19.38	19.38	18.49
	荷兰	27.37	25.71	20.94	20.94	19.89	19.89	19.12	19.12	19.12	19.12	19.12	19.12	19.12
平均值		30.12	29.82	28.43	28.16	27.18	27.31	27.08	26.72	26.25	26.23	25.80	25.54	25.23
中等收入国家	中国	28.72	28.72	28.72	22.38	22.38	22.38	22.38	22.38	22.38	22.38	22.38	22.38	22.38
	俄罗斯	20.27	20.14	20.14	20.14	16.71	16.71	16.71	16.71	16.71	16.71	16.71	16.71	16.71
	巴西	30.68	30.68	30.68	30.68	30.68	30.68	30.68	30.68	30.68	30.68	30.68	30.68	30.68
	印度	31.40	29.87	29.87	30.14	30.14	29.53	29.53	28.84	28.84	30.22	30.77	30.77	30.77
	南非	32.64	31.86	31.86	29.81	29.81	29.81	29.81	29.81	24.13	24.13	24.13	24.13	24.13
平均值		28.74	28.26	28.26	26.63	25.95	25.83	25.83	25.69	24.55	24.83	24.94	24.94	24.94

资料来源：牛津大学商业税收研究中心．Centre for Business Taxation Tax Database 2017 [EB/OL]．(2019-10-2) [2020-6-20]．https://ora.ox.ac.uk/objects/uuid:8l128d9a-fe6e-445b-8d34-a641b573d986.

二、税收营商环境与企业纳税成本的评价

降低企业税收成本是供给侧改革的重要突破口。降低企业成本能够激发企业活力，增强创新力，提升全要素劳动生产率；精简政府职能，减少政府对于企业经营的干预。从微观角度来看，企业纳税成本由税收制度和税收征管共同决定，我国的税收制度及与之配套的税收征管共同形成了我国的税收营商环境。本书聚焦于税收制度建设，作为引申，在考察企业纳税成本的过程中，不可避免地涉及部分税收征管的要素（但不进一步展开讨论）。

具有竞争力的税收制度建设需要结合一国具体的发展阶段和总体发展目标、政策重点、社会偏好，没有唯一的"最佳方案"，不同国家面对国际税收竞争的应对方式也不尽相同，需要在理论的指导下深刻剖析当前面临的问题与难点，探讨具有竞争力的税制改革路线图、关键点与突破口，这正是本书希望厘清和回答的问题。基于数据的横向可比性与可得性，本书在当前国际上已有的税收竞争力指标中，选取了世界银行税收营商环境指标数据，在此基础上进行因子分析，并将综合评价结果进行国际比较。

党的十八大以来，党中央、国务院把营商环境建设提高到国家战略层面，以供给侧结构性改革和"放管服"改革为抓手，出台了一系列政策和措施进行完善和优化。习近平在 2019 年 11 月召开的中国国际进口博览会开幕式上强调，中国将不断完善市场化、法治化、国际化的营商环境。近年来，党中央、国务院高度重视优化营商环境工作，习近平总书记强调："我们提出建设开放型经济新体制，一个重要目的就是通过开放促进我们自身加快制度建设、法规建设，改善营商环境和创新环

境，降低市场运行成本，提高运行效率，提升国际竞争力。"① 在2019年12月的中央经济工作会议上，习近平总书记强调，"要依靠改革优化营商环境"。

税收营商环境作为营商环境的重要组成部分，除了税负本身，企业办税成本是企业经营中需要面对的重要问题之一。"水美则鱼肥，土沃则稻香"。优化税收营商环境是降低纳税人负担、鼓励企业创新发展、激发市场主体活力的重要抓手，对于提高整体营商环境竞争力、实现经济高质量发展具有重要意义。世界银行于2003年首次发布了《全球营商环境报告》，该项目运用5项指标对133个经济体进行全面考察，其中，纳税指标从2006版开始引入。

据《全球营商环境报告》数据显示，我国2014年纳税指标排名为第120名，2015—2017年均徘徊于第130名左右，最大的进步体现于2018年，纳税指标上升至第114名，2019年稳步上升至第105名，排名提升幅度居全球第六位。2019年我国纳税指标得分70.1分，特别在纳税时间和纳税次数指标上我国有较大幅度的提升。在纳税时间上，我国由2004年的832个小时缩短为2019年的138个小时，降幅达到83.4%；在纳税次数上，我国由2004年的37次减少至2019年的7次，降幅达到81%。

具体来看，首先，从总税收和缴费率看，世界平均总税收和缴费负担率为40.9%，我国为59.2%，远高于世界平均水平。尤其是我国企业社会保险费负担率为46.2%，仅次于法国50%，高居全球第2位。其次，从企业纳税时间上看，我国为138个小时，领先于世界平均水平的246个小时。再次，从纳税次数来看，我国为7次，不仅远低于世界平均水平23次，甚至优于一些总体税收营商环境排名领先的经济体。世界各个经济体的平均纳税次数是24次，其中亚太地区的平均纳税次

---

① 习近平：《营造稳定公平透明的营商环境 加快建设开放型经济新体制》，在中央财经领导小组第十六次会议上的讲话，2017年7月18日。

数为 22.1 次，而我国只有 9 次。最后，从报税后流程指数看，我国得分为 50 分，低于世界平均水平 60 分（见图 5-4 和表 5-6）。

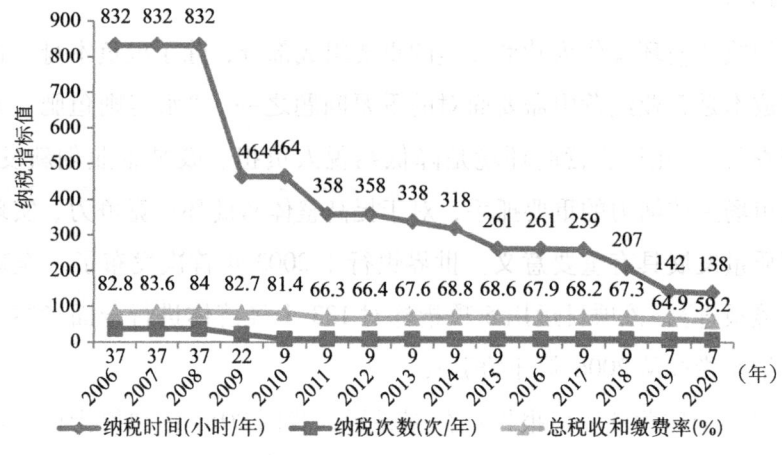

图 5-4　我国纳税指标分指标情况

资料来源：世界银行.2020 世界纳税报告［EB/OL］.（2019-11-29）［2020-3-20］.
https：//www.pwc.com/gx/en/services/tax/publications/paying-taxes-2020/explorer-tool.html.

三、基于因子分析的企业纳税成本国际比较

世界银行纳税指标评价分数为各个分指标得分的简单平均值，与此不同的是，本书采用因子分析法客观赋权对税收营商环境进行综合评价，为现有的税收营商环境评价结果提供了另一角度的补充与参照。综合评价在自然科学和社会科学中均有广泛应用。多指标体系的综合评价方法主要有：层次分析法、主成分分析法、因子分析法等。其中，因子分析法较之其他方法具有客观赋权、能够更好地进行综合评价以及从经济学上对变量进行解释的诸多优势。主成分分析法通过数据投影的方法，将数据变换到一个新的坐标系中，在损失较少数据信息的基础上实现了数据的降维，把多个指标转化为少数具有代表意义的综合指标因子分析法是主成分分析法的发展和推广。假设研究设计 n 个指标，则基本

表 5-6　我国税收营商环境指标的国际比较

类别	总税费率(%)	公司所得税率(%)	劳动税费率(%)	其他税费率(%)	纳税时间(小时/年)	公司所得税纳税时间(小时/年)	劳动税费纳税时间(小时/年)	流转税纳税时间(小时/年)	纳税次数(次/年)	公司所得税纳税次数(次/年)	劳动税费纳税次数(次/年)	其他税纳税次数(次/年)	税后流程(0—100)	申请增值税退税时间(小时)	获得增值税退税时间(小时)	更正公司所得税申报表时间(小时)	完成公司所得税更正时间(周)
世界平均	40.9	16.1	16.3	8.1	234	59	85	90	23.1	2.8	9.0	11.3	60.9	18.2	27.3	14.6	25.5
中国	59.2	6.3	46.2	6.8	138	40	52	46	7	2	1	4	50	—	—	1	<25
美国	36.6	20.7	9.8	6.1	175	87	55	33	10.6	2.4	3.6	4.6	94	—	—	8	<25
英国	30.6	16.6	12	2	114	32	57	25	9	1	2	6	71	0	7.2	6	34
韩国	33.2	18.2	13.7	1.4	174	75	80	19	12	2	2	8	93.9	0	8.6	9	<25
日本	46.7	23.9	18.6	4.2	128.5	38	71	20	19	3	3	13	95.2	1	10.8	3	<25
新加坡	21	2.1	17.8	1.1	64	24	10	30	5	1	1	3	72	4.5	21.1	17	12.9

资料来源：世界银行.2020世界纳税报告[EB/OL].(2019-11-29)[2020-3-20].https://www.pwc.com/gx/en/services/tax/publications/paying-taxes-2020/explorer-tool.html.

的因子模型可以表示为：

$$\begin{cases} X_1 = \alpha_{11}F_1 + \alpha_{12}F_2 + \cdots \alpha_{1m}F_m + \varepsilon_1 \\ X_1 = \alpha_{21}F_1 + \alpha_{12}F_2 + \cdots \alpha_{1m}F_m + \varepsilon_1 \\ \cdots \\ X_q = \alpha_{q1}F_1 + \alpha_{q2}F_2 + \cdots \alpha_{qm}F_m + \varepsilon_q \end{cases}$$

其中，F_1，F_2，…，F_m 为公共因子，α_{ij} 为因子载荷。

（一）税收营商环境指标的描述性统计分析（见表 5-7）

表 5-7　　　　税收营商环境指标的描述性统计分析

变量	平均值	标准偏差	观测值
公司所得税率（%）	16.416	8.844259	181
劳动税费率（%）	16.5729	10.85781	181
其他税费率（%）	7.51657	18.39398	181
公司所得税纳税时间（小时/年）	60.3204	69.86572	181
劳动税费纳税时间（小时/年）	86.0939	63.32568	181
流转税纳税时间（小时/年）	93.8729	93.63612	181
公司所得税纳税次数（次/年）	2.85856	2.920939	181
劳动税费纳税次数（次/年）	9.15746	8.502772	181
其他税纳税次数（次/年）	11.6033	8.224367	181
报税后流程指数（前沿距离得分）	61.53757	26.82816	181

（二）KMO 检验和 Bartlett 检验结果

在进行因子分析之前，首先进行 KMO 抽样适合性检验和 Bartlett 球形度检验。KMO 检验值越接近于 1，说明越适合作因子分析。Bartlett 检验是假设变量是否为单位阵，变量间是否独立，拒绝则说明适合因子分析。检验结果如表 5-8 所示，KMO 统计值为 0.662，大于 0.6，Bartlett 的球形度检验显著性水平为 0.000，小于 0.05。因此，可据此认为原数据适合作因子分析。

表 5-8　　KMO 和 Bartlett 的检验

类别		
取样足够度的 Kaiser – Meyer – Olkin 度量		0.694
Bartlett 的球形度检验	近似卡方	362.982
	df	45
	Sig.	0.000

（三）变量的共同度与解释的总方差

变量共同度表示的是各变量中所含原始信息能被提取的公因子所解释的程度，如表 5-9 所示，大部分指标共同度均在 50% 以上，所提取的这几个公因子对各变量的解释能力相对较强。

表 5-9　　公因子方差

变量	初始	提取
公司所得税率（%）	1.000	0.656
劳动税费率（%）	1.000	0.559
其他税费率（%）	1.000	0.510
公司所得税纳税时间（小时/年）	1.000	0.654
劳动税费纳税时间（小时/年）	1.000	0.648
流转税纳税时间（小时/年）	1.000	0.659
公司所得税纳税次数（次/年）	1.000	0.526
劳动税费纳税次数（次/年）	1.000	0.519
其他税纳税次数（次/年）	1.000	0.693
报税后流程指数（前沿距离得分）	1.000	0.354

注：提取方法为主成分分析。

如表 5-10 所示，"初始特征值"一栏显示只有前三个特征值大于 1，因此我们选择前三个主成分。"提取平方和载入"一栏显示第一主成分的方差贡献率是 28.031%，比重最高；第二主成分的方差贡献率是 17.077%，第三主成分的方差贡献率是 12.677%。这前三个主成分的方差占所有主成分方差的 57.785%，因此，选择前三个主成分能够综合反映出税收营商环境各个指标的变异情况。"旋转平方和载入"显示旋转后的因子提取结果，与未旋转之前差别不大。

表 5-10　　　　　　　　　解释的总方差

成分	初始特征值			提取平方和载入			旋转平方和载入		
	合计	方差贡献率（%）	累计（%）	合计	方差贡献率（%）	累计（%）	合计	方差贡献率（%）	累计（%）
1	2.803	28.031	28.031	2.803	28.031	28.031	2.329	23.295	23.295
2	1.708	17.077	45.107	1.708	17.077	45.107	1.975	19.748	43.043
3	1.268	12.677	57.785	1.268	12.677	57.785	1.474	14.742	57.785
4	0.850	8.504	66.288						
5	0.781	7.811	74.099						
6	0.682	6.818	80.917						
7	0.616	6.156	87.074						
8	0.548	5.481	92.555						
9	0.414	4.138	96.693						
10	0.331	3.307	100.000						

注：提取方法为主成分分析。

（四）旋转成分矩阵

采取最大方差法对因子载荷矩阵进行正交旋转以使因子具有命名解释性（见表 5-11）。纳税时间、税后流程指数在因子 1 中具有较高的载荷，可称为纳税时间与税后流程因子。公司所得税率、劳动税费率、纳税次数在因子 2 中具有较高载荷，可称为公司劳动力税费因子。土地增值税、房产税等其他税费率在因子 3 中具有较高载荷，可称为其他税费因子。

表 5-11　　　　　　　　旋转成分矩阵

变量	成分		
	1	2	3
公司所得税率（%）	0.105	0.629	-0.517
劳动税费率（%）	0.324	-0.663	0.030
其他税费率（%）	0.045	0.014	0.714
公司所得税纳税时间（小时/年）	0.748	0.055	-0.330
劳动税费纳税时间（小时/年）	0.765	0.052	0.243
流转税纳税时间（小时/年）	0.856	0.003	0.043
公司所得税纳税次数（次/年）	0.113	0.686	0.012
劳动税费纳税次数（次/年）	0.215	0.602	0.370
其他税纳税次数（次/年）	0.214	0.578	0.553
报税后流程指数（前沿距离得分）	0.507	0.099	0.343

注：主成分提取方法为具有 Kaiser 标准化的正交旋转法，旋转在 7 次迭代后收敛。

（五）因子得分、综合得分与排名

以每个因子方差占累计方差的比例作为权重，从而得到综合因子得分公式。各成分得分系数矩阵如表 5-12 所示，据此得出各公因子的表达式。

表 5-12　　　　　　　　成分得分系数矩阵

变量	成分		
	1	2	3
公司所得税率（%）	0.192	-0.632	0.469
劳动税费率（%）	-0.094	0.738	0.072
其他税费率（%）	0.325	0.131	-0.622
公司所得税纳税时间（小时/年）	0.406	0.201	0.670
劳动税费纳税时间（小时/年）	0.672	0.423	0.131
流转税纳税时间（小时/年）	0.692	0.382	0.185

续表

变量	成分		
	1	2	3
公司所得税纳税次数（次/年）	0.536	-0.487	0.041
劳动税费纳税次数（次/年）	0.652	-0.284	-0.118
其他税纳税次数（次/年）	0.727	-0.183	-0.362
报税后流程指数（前沿距离得分）	0.562	0.171	-0.091

注：主成分提取方法为具有 Kaiser 标准化的正交旋转法，旋转在 7 次迭代后收敛。

F1 = 0.056 × 企业所得税率 + 0.18 劳动力税费率 - 0.045 其他税费率 + 0.359 企业所得税纳税时间 + 0.316 劳动力税费纳税时间 + 0.377 流转税纳税时间 + 0.009 企业所得税纳税次数 + 0.027 劳动力税费纳税次数 + 0.012 其他税纳税次数 + 0.189 报税后流程指数

F2 = 0.353 企业所得税率 - 0.361 劳动力税费率 - 0.045 其他税费率 + 0.007 企业所得税纳税时间 - 0.035 劳动力税费纳税时间 - 0.052 流转税纳税时间 + 0.344 企业所得税纳税次数 + 0.027 劳动力税费纳税次数 + 0.245 其他税纳税次数 - 0.003 报税后流程指数

F3 = -0.412 企业所得税率 + 0.038 劳动力税费率 + 0.491 其他税费率 - 0.300 企业所得税纳税时间 + 0.097 劳动力税费纳税时间 - 0.047 流转税纳税时间 - 0.05 企业所得税纳税次数 + 0.195 劳动力税费纳税次数 + 0.324 其他税纳税次数 + 0.185 报税后流程指数

以各因子的信息贡献率为权重计算税收营商环境竞争力评价得分，公式如下：

F = (F1 × 23.585 + F2 × 20.213 + F3 × 15.041)/ 58.839

通过上述计算可以得出税收营商环境的各因子得分、综合评价得分及排名情况（见表 5-13），有的国家（地区）的税收营商环境得分为负数，是由于数据标准化处理结果导致，并不代表其税收营商环境的竞争力为负数。

表 5-13　　税收营商环境综合得分及排名

国家（地区）	第一主成分	排名	第二主成分	排名	第三主成分	排名	综合得分	排名
爱沙尼亚	0.85	23	1.63	7	0.07	91	52.87	1
中国香港	1.55	1	0.15	85	0.75	28	50.20	2
瑞典	0.49	54	1.34	18	0.66	32	47.64	3
立陶宛	0.68	42	1.57	11	0.02	96	47.10	4
新加坡	1.02	11	1.19	22	-0.04	102	46.65	5
法国	0.13	97	2.44	1	-0.34	137	46.08	6
芬兰	0.88	19	0.91	38	0.35	63	43.62	7
西班牙	0.35	68	1.45	13	0.33	66	41.78	8
摩洛哥	0.66	43	0.58	55	0.98	15	41.29	9
比利时	0.22	85	1.69	5	0.17	80	41.09	10
拉脱维亚	0.49	55	1.35	17	0.20	78	40.93	11
斯洛伐克	0.07	103	1.68	6	0.38	60	40.44	12
奥地利	0.48	56	0.97	31	0.63	35	39.73	13
爱尔兰	1.14	5	0.50	60	0.23	77	39.70	14
俄罗斯	0.17	94	1.59	9	0.26	73	39.08	15
捷克	-0.05	112	1.83	3	0.26	74	38.74	16
阿联酋	0.81	25	1.30	20	-0.41	145	38.43	17
挪威	0.91	17	0.34	73	0.65	33	37.63	18
毛里求斯	1.01	12	0.49	61	0.29	69	37.55	19
澳大利亚	0.87	20	0.11	91	0.99	14	36.98	20
摩尔多瓦	0.27	81	1.32	19	0.29	71	36.67	21
荷兰	0.77	33	0.46	64	0.64	34	36.45	22
中国	-0.05	111	1.94	2	-0.06	105	36.27	23
阿塞拜疆	0.43	61	0.97	32	0.45	48	35.79	24
加拿大	0.78	31	0.72	45	0.17	82	34.75	25
阿曼	1.05	9	0.06	92	0.62	37	34.71	26
沙特阿拉伯	0.69	41	1.07	27	-0.19	121	34.26	27
哥斯达黎加	0.40	63	0.95	34	0.39	57	33.93	28
白俄罗斯	-0.09	119	1.55	12	0.35	62	33.69	29
葡萄牙	0.09	99	1.11	25	0.63	36	33.28	30
赞比亚	0.77	32	0.86	39	-0.14	118	32.87	31

续表

国家（地区）	第一主成分	排名	第二主成分	排名	第三主成分	排名	综合得分	排名
土耳其	0.63	45	0.47	62	0.59	38	32.57	32
圣马力诺	0.65	44	1.10	26	-0.28	133	32.50	33
希腊	0.19	90	0.62	51	1.06	12	32.39	34
中国台湾	0.28	79	0.41	70	1.18	9	32.02	35
佐治亚州	0.76	36	0.42	69	0.38	59	31.44	36
新西兰	1.06	7	-0.54	128	1.16	10	31.28	37
英国	0.81	27	0.31	75	0.39	56	30.75	38
乌克兰	-0.37	142	1.61	8	0.49	44	30.46	39
以色列	0.51	53	0.01	93	1.19	8	29.87	40
瑞士	0.97	14	0.44	66	-0.18	120	28.62	41
韩国	0.58	47	0.15	88	0.77	25	27.90	42
美国	0.70	40	-0.13	99	0.93	19	27.46	43
卢旺达	1.04	10	-0.34	115	0.66	31	27.36	44
北马其顿	0.96	16	0.19	84	0.05	94	26.95	45
萨尔瓦多	0.34	71	0.58	56	0.52	43	26.93	46
丹麦	1.01	13	-0.18	104	0.46	47	26.78	47
突尼斯	0.37	66	0.94	35	-0.05	104	26.58	48
斯洛文尼亚	0.18	93	0.73	42	0.54	41	26.51	49
德国	0.27	80	0.39	71	0.82	24	26.06	50
克罗地亚	0.18	91	1.29	21	-0.26	129	25.78	51
约旦	0.62	46	0.72	43	-0.20	123	25.61	52
冰岛	0.56	51	0.64	49	-0.04	101	24.89	53
乌兹别克斯坦	0.24	83	0.72	44	0.29	72	23.99	54
卢森堡	1.05	8	0.15	86	-0.26	127	23.57	55
塞浦路斯	0.76	35	0.47	63	-0.23	125	23.54	56
不丹	1.41	2	-1.29	159	1.06	11	23.22	57
波兰	-0.35	139	1.05	29	0.67	30	22.53	58
匈牙利	-0.14	125	1.15	24	0.18	79	22.23	59
墨西哥	-0.23	135	0.45	65	1.28	7	22.15	60
南非	0.46	59	-0.16	102	0.98	16	21.94	61
马来西亚	0.37	67	0.37	72	0.40	54	21.83	62

续表

国家（地区）	第一主成分	排名	第二主成分	排名	第三主成分	排名	综合得分	排名
日本	0.70	39	-0.19	107	0.49	45	19.78	63
罗马尼亚	0.76	34	-0.03	96	0.17	81	19.77	64
哈萨克斯坦	0.34	69	0.24	81	0.41	52	18.89	65
科索沃	0.70	38	0.01	94	0.14	84	18.62	66
马耳他	0.55	52	-0.44	122	0.96	18	18.30	67
塔吉克斯坦	-0.12	123	0.96	33	0.13	85	18.22	68
叙利亚	-0.47	146	-0.26	110	2.27	3	17.53	69
蒙古国	0.48	57	0.33	74	-0.07	106	16.67	70
巴哈马群岛	0.85	22	0.75	41	-1.30	168	15.29	71
意大利	-0.61	155	1.42	15	0.09	87	15.27	72
越南	-0.86	162	1.02	30	0.84	23	12.43	73
菲律宾	0.56	48	-0.02	95	-0.02	99	12.34	74
印度	-0.07	113	0.44	67	0.29	70	11.46	75
亚美尼亚	0.34	72	-0.43	121	0.76	26	10.71	76
黑山	-0.08	116	0.57	57	0.08	89	10.42	77
哥伦比亚	-0.20	131	0.61	53	0.16	83	9.81	78
乌拉圭	0.29	77	-0.18	106	0.45	49	9.80	79
智利	0.02	108	-0.16	103	0.84	22	9.58	80
黎巴嫩	-0.15	127	0.92	37	-0.35	139	9.34	81
泰国	0.30	74	-0.64	135	0.99	13	9.10	82
危地马拉	-0.11	120	0.29	80	0.37	61	8.67	83
瓦努阿图	0.89	18	0.30	76	-1.25	167	8.26	84
基里巴斯	0.30	76	-0.57	130	0.68	29	5.67	85
秘鲁	-0.18	129	0.14	89	0.41	53	4.64	86
科特迪瓦	0.12	98	0.76	40	-0.91	166	4.59	87
所罗门群岛	1.11	6	-1.15	155	0.07	90	4.09	88
佛得角	0.29	78	-0.22	109	0.05	95	3.09	89
多米尼加	-0.6	152	0.12	90	0.96	17	2.66	90
牙买加	-0.35	138	0.62	52	-0.25	126	0.48	91
伊朗	-0.41	144	0.51	59	-0.03	100	0.11	92
塞尔维亚	0.16	95	0.30	77	-0.65	155	0.04	93

续表

国家（地区）	第一主成分	排名	第二主成分	排名	第三主成分	排名	综合得分	排名
保加利亚	-0.97	164	1.38	16	-0.33	136	0.01	94
巴拉圭	-0.77	160	0.65	48	0.34	65	-0.01	95
阿根廷	-0.36	141	1.82	4	-1.88	173	-0.17	96
埃斯瓦蒂尼	0.84	24	-0.96	147	-0.11	112	-0.95	97
吉尔吉斯	-0.11	121	0.65	47	-0.77	161	-1.04	98
阿尔及利亚	-0.49	149	1.06	28	-0.72	159	-1.05	99
马达加斯加	-0.03	109	0.29	79	-0.42	146	-1.20	100
肯尼亚	0.56	50	-1.11	152	0.53	42	-1.26	101
乌干达	0.34	70	-0.69	138	0.13	86	-3.84	102
南苏丹	0.23	84	-0.15	100	-0.42	147	-3.86	103
利比里亚	0.81	26	-1.72	172	0.76	27	-3.96	104
马尔代夫	-0.52	150	0.22	83	0.24	76	-4.25	105
塞舌尔	1.15	4	-1.80	174	0.30	68	-4.41	106
巴巴多斯	0.03	106	-0.35	116	0	97	-6.21	107
东帝汶	-0.32	137	-0.27	111	0.41	50	-6.52	108
博茨瓦纳	0.96	15	-1.46	167	-0.01	98	-6.54	109
纳米比亚	0.20	89	-0.63	134	0.09	88	-6.57	110
圣卢西亚	0.85	21	-1.26	158	-0.11	113	-6.62	111
汤加	0.38	65	-0.62	133	-0.26	128	-7.14	112
萨摩亚	0.26	82	-0.65	136	-0.09	109	-8.26	113
多米尼加	0.78	29	-1.15	154	-0.26	130	-8.30	114
伊拉克	-0.75	157	0.51	58	-0.08	108	-8.39	115
安哥拉	0.08	102	-0.52	125	-0.10	110	-9.83	116
吉布提	0.41	62	-0.53	127	-0.61	154	-9.94	117
西岸和加沙	0.39	64	-0.68	137	-0.41	144	-10.37	118
也门共和国	0.18	92	-0.47	123	-0.35	138	-10.38	119
埃塞俄比亚	-0.39	143	-0.50	124	0.58	40	-10.59	120
圣文森特和格林纳丁斯	0.75	37	-1.35	162	-0.13	114	-11.06	121
波多黎各	-0.09	117	-0.77	141	0.41	51	-11.21	122
印度尼西亚	0.33	73	-1.41	166	0.58	39	-11.56	123

续表

国家（地区）	第一主成分	排名	第二主成分	排名	第三主成分	排名	综合得分	排名
巴布亚新几内亚	0.21	88	-1.13	153	0.38	58	-11.63	124
伯利兹	0.78	30	-1.77	173	0.34	64	-11.70	125
阿尔巴尼亚	-0.2	132	-0.37	117	-0.05	103	-12.65	126
布隆迪	-0.04	110	-1.01	151	0.48	46	-13.76	127
苏里南	0.44	60	-1.54	168	0.40	55	-14.43	128
斐济	0.05	104	-0.87	144	0.06	93	-15.14	129
马里	-1.01	166	0.92	36	-0.68	157	-15.23	130
埃及	-1.00	165	0.61	54	-0.30	134	-15.68	131
斯里兰卡	0.56	49	0.23	82	-2.36	175	-17.14	132
马拉维	0.09	100	-0.90	145	-0.13	115	-17.65	133
莱索托	-0.09	118	-0.61	132	-0.30	135	-18.60	134
尼加拉瓜	-0.14	126	-0.15	101	-0.85	164	-18.94	135
利比亚	-3.25	177	-0.59	131	4.59	1	-19.59	136
厄立特里亚	0.80	28	-0.12	98	-2.44	176	-19.62	137
塞拉利昂	-0.21	133	-0.69	139	-0.08	107	-19.67	138
厄瓜多尔	-2.01	173	0.66	46	0.89	20	-20.59	139
巴基斯坦	-0.48	147	-0.30	112	-0.28	132	-21.16	140
圭亚那	0.03	105	-1.00	150	-0.14	119	-21.22	141
圣基茨和尼维斯	0.21	87	-1.35	161	-0.10	111	-23.04	142
几内亚比绍	-0.36	140	-0.52	126	-0.38	141	-24.34	143
莫桑比克	0.30	75	-1.86	175	0.30	67	-25.19	144
加纳	0.02	107	-0.22	108	-1.46	171	-25.28	145
苏丹	-0.17	128	-0.10	97	-1.31	169	-25.44	146
缅甸	-0.07	114	-1.40	165	0.25	75	-25.52	147
布基纳法索	-0.47	145	-0.18	105	-0.76	160	-25.67	148
特立尼达和多巴哥	-0.12	124	-1.25	157	-0.14	117	-29.73	149
老挝	-0.69	156	-0.80	142	0.06	92	-31.01	150
海地	0.08	101	-1.40	164	-0.43	148	-32.00	151
尼日尔	-0.60	154	-0.42	120	-0.69	158	-32.58	152
毛里塔尼亚	-0.19	130	0.63	50	-2.83	178	-33.79	153
巴拿马	-1.26	170	0.15	87	-0.60	153	-35.20	154

续表

国家（地区）	第一主成分	排名	第二主成分	排名	第三主成分	排名	综合得分	排名
尼泊尔	-1.23	168	-0.3	113	-0.13	116	-36.68	155
多哥	-0.23	134	-0.37	118	-1.64	172	-36.98	156
塞内加尔	-1.03	167	-0.54	129	-0.19	122	-37.40	157
波黑	-0.75	158	-0.72	140	-0.40	142	-37.53	158
孟加拉国	-0.80	161	-1.63	170	0.88	21	-37.78	159
尼日利亚	-0.76	159	-0.83	143	-0.28	131	-38.29	160
赤道几内亚	-1.36	171	-1.62	169	1.71	4	-38.53	161
柬埔寨	0.22	86	-1.92	176	-0.46	150	-39.57	162
格林纳达	0.46	58	-2.26	180	-0.40	143	-39.72	163
几内亚	-1.24	169	1.17	23	-2.32	174	-39.92	164
津巴布韦	-0.07	115	-1.33	160	-0.85	163	-40.59	165
贝宁	-0.60	153	-0.38	119	-1.34	170	-41.29	166
坦桑尼亚	-0.24	136	-1.23	163	-0.59	151	-41.74	167
圣多美和普林西比	-0.59	151	-0.90	146	-0.78	162	-43.00	168
冈比亚	-0.49	148	-1.23	156	-0.86	165	-48.30	169
洪都拉斯	-0.12	122	-2.06	178	-0.38	140	-49.04	170
刚果	-0.91	163	-1.00	149	-0.59	152	-49.77	171
安提瓜和巴布达	0.15	96	-2.38	181	-0.43	149	-49.88	172
刚果共和国	-2.54	176	0.43	68	-0.67	156	-60.64	173
加蓬	-2.25	175	-0.32	114	-0.21	124	-61.91	174
科摩罗	1.39	3	-0.96	148	-5.14	181	-62.33	175
喀麦隆	-2.03	174	-2.22	179	1.32	6	-71.72	176
巴西	-6.26	181	1.57	10	2.45	2	-78.49	177
中非共和国	-1.67	172	0.30	78	-3.43	179	-83.59	178
乍得	-3.68	178	-1.66	171	1.34	5	-98.87	179
玻利维亚	-3.85	180	1.43	14	-2.81	177	-102.96	180
委内瑞拉	-3.72	179	-1.96	177	-3.44	180	-176.32	181

发达国家税收营商环境指标普遍排名靠前，近80%的OECD国家的税收营商环境指数排在前30名。虽然与发达国家相比，中国税收营商环境排名还有一定距离，但近年来已取得较大幅度的改善。虽然世界

银行指标体系是基于一定的假设基础上的研判,指标和数据选择具有局限性,但排名仍具有重要的参考价值。从总体税费负担看,我国总税费负担率为59.2%,明显居高。从我国企业一年内的纳税次数7次看,我国表现颇佳,远低于世界平均水平,甚至好于一些税收营商环境优良的经济体,这主要得益于我国已普遍推行在线申报和缴税。2019年世界各个经济体的平均纳税次数是24次,其中亚太地区的平均纳税次数为22.1次,而我国只有9次。

第四节 进一步的思考:税收法治化建设

从法治角度审视,我国在税收立法方面已取得重大进展,然而与税收法定原则的要求尚存在一定距离,税法体系的合理性与合法性还存在诸多欠缺,与"现代税收制度"尚有一定差距。因此,亟须落实"税收法定原则",这既是中国税制是否"现代"最基本的标志,也是中国税收法治现代化进程中最重要的界碑。当前,我国的税收法制建设存在法律供给不足、操作性不强、执行不严等问题,贯彻落实税收法定原则,依然任重道远。

一、税收法定原则需进一步明确落实

2013年11月党的十八届三中全会通过的《中共中央关于全面深化改革若干重大问题的决定》提出要落实税收法定原则。税收法律作为法律体系的重要组成部分,既遵循法律基本原则的共性,同时也有其特性。税法的基本原则通常被概括为税收法定主义、税收公平主义、实质征税原则和税收合作信赖主义。税收法定主义是税法的最高法律原则。它肇始于英国,是近代资产阶级法治主义思想在税收领域的体现,是民

主、法治等现代宪法原则在税法上的表现。税收法定的内容可概括为：课税要素明确原则、课税要素法定原则、课税程序合法原则。当前进行的具有竞争力的税制建设与落实税收法定原则、加强税收立法是相互推动、相得益彰的。法律要素始终是与税制建设不可分离的核心要素，我国具有竞争力税制建设的过程同时也是落实税收法定原则、实现税收法治现代化的过程。税收竞争政策作用的发挥和功能的实现，都与法治的保障须臾不可分离。只有坚守税收法定原则，着力提升税收法治水平，才能更好地实现具有竞争力税制的各项重要职能，在开放经济条件下取得竞争优势。

税收法定原则是现代民主、法治思想在税收领域的一个缩影，是税法的最基本原则，是确立征税制度、实行课税和纳税的前提。经过代表全民意志的立法部门立法，根据税收法定原则所建立的税制体系，才有利于税收公平和实质征税原则的实现。美国宪法第一条就规定："税收法案由众议院提出，但参议院得以处理其他议案的方式，提出修正案或表示赞同。"这意味着只有在众议院提出税收法案并通过立法，政府才有权向人民课税。法国宪法第 34 条规定："各种性质的赋税的征收基础、税率和征收的方式必须以法律规定。"日本宪法第 84 条规定："新课租税或变更现行租税，必须有法律或法律规定的条件为依据。"意大利宪法第 23 条规定："不根据法律，不得征收任何个人税或财产税。"许多发展中国家，如马来西亚、新加坡、斯里兰卡、印度尼西亚等在宪法中也明确规定了非经法律规定不得征税的原则。我国《宪法》第五十六条规定："中华人民共和国公民有依照法律纳税的义务。"对于这一"义务本位"视角的规定是否就是宪法对于税收法定主义的体现，我国税法理论界观点不一。一种观点认为，税收法定主义尚未在我国《宪法》中得到明确和准确的表述；而另一种观点认为，税收法定主义在我国宪法、税收法律法规以及有关政策文件中虽无明确规定，但其基本精神在《宪法》和税收法律法规的不同层面上均有所体现。学者的理论争论反映了税收法定原则在《宪法》中的地位尚没有明确，与相关实践还不相契合。

关于税收法制体系中一些基本问题的规定，国外的立法实践一般是通过两种方式解决。一是在宪法中进行明确规定，如美国、英国等大多数国家就是采取这种方式。二是制定税收基本法专门对这些基本问题进行规定，如俄罗斯、韩国、德国、日本、印度尼西亚等。德国的税法通则法律体系较为完善，适用于市场经济发展程度较高的国家。一些可操作性强、体例适中、体系完整的税收基本法值得借鉴。如日本的《国税通则法》与韩国的《国家税收基本法》对税收的基本事项与共同事项都进行了详细规定。我国也曾在新中国成立初期的税收立法中做过努力，1950年政务院第十七次会议通过、颁布了《全国税收实施要则》，这部税收纲领性规则是依据当时的宪法性文件《共同纲领》第四十条规定的国家税收政策的精神制定的。此后制定的多部税收法律、条例都建立在此基础之上。然而我国的税收基本法至今尚未以法律形式颁布。

二、税收法律的供给和可执行性有待加强

第一，税收法律供给不足。当前我国18个税种中，税收收入规模最大的增值税尚未完成立法。现行税法体系中有财税主管部门制定的约30部税收行政法规、约50部税收行政规章、约5500余部规范性文件。税收行政法规与规章占比过大，这与1985年全国人大授权决定与《立法法》第10条授权的明确性原则不符。

全面落实税收法定原则，首先要按照党中央审议通过的《贯彻落实税收法定原则的实施意见》的要求，对新开征税种，一律由法律进行规范，将现行由国务院行政法规规范的税种上升为法律，废止有关税收条例。目前我国18个税种中已经有12个税种的法律形式存在（见表5-14）。这12个税种2019年全年总收入为6.9万亿元，占税收总收入比重约43.8%。目前尚以国务院暂行条例形式存在的税种还有7个

（增值税、消费税、土地增值税、印花税、关税、房产税和城镇土地使用税），由于正在立法中的房地产税将取代上述房产税和城镇土地使用税，因此未来实际立法的税种只剩 6 个。据此，未来我国 18 个税种中已有 12 个税种完成立法。尚未完成的 6 个税种均已启动了立法。建议按税收法定原则的要求和全国人大的立法计划，积极推进税收立法民主性、科学性的进程，为实现税收法治化而继续努力。

表 5-14　　　　　我国分税种立法进程与收入规模①

立法进程	税种	税收收入规模（亿元）
立法完成	企业所得税	37300
	个人所得税	10388
	车辆购置税	3498
	资源税	1822
	耕地占用税	1390
	环境保护税	221
	车船税	1121
	烟叶税	
	船舶吨税等	
	契税	6213
	城市维护建设税	4821
公开征求意见	增值税	62346
	消费税	12562
	土地增值税	6465
	印花税	2463
起草完善	关税	2889
	房地产税②	—
未列入立法计划	房产税	2988
	城镇土地使用税	2195

注：①表中税收收入规模为 2019 年税收数据。
　　②房地产税将取代原房产税与城镇土地使用税。
资料来源：作者根据财税法学研究会数据整理；陈益刊. 税收立法关键年：2 部新法基本确定，房地产税法暂缓 [EB/OL]. (2019.9.19) [2020.6.20]. http://www.cftl.cn/ArticleInfo.aspx? Aid = 49561&LevelId = 002003001。

第二，我国法律的可执行性与执行效果不佳。我国目前的税收法律有较多过于原则、抽象的规定，缺乏必要的定义性条款，使税收要素不够明确清晰，甚至是直接笼统地授权给国务院或财税主管部门规定，导致大量间接授权立法的存在，法律的可执行性不强。税法过于简短，也为税法执行中的行政解释提供了较大的空间，易导致执法的随意性。税法解释原本是为了正确适用税收法律所作的具体说明，但在实践中，部门的"批复"或"决定"取代了被解释对象，成为实际上直接发挥效力的依据，甚至有时还突破了税法规定的文义，有损法律的权威，由此带来了税法的一些规定在现实中被"打折扣""搞变通"。比如，一些地方政府自行设定税收优惠或降低法定税率，以进行"低税竞争"，这折射出我国税收执法领域"依法征税"意识有待提高，依法治税还需不断加强。

第六章

求解与深化改革：具有竞争力税制建设的具体建言

第一节 具有竞争力的税制建设的基本原则

具有竞争力的税制建设首先应遵循税制优化的一般规律，符合税制建设的基本原则。一个适合本国国情、有利于国家经济社会发展的税制在国际上是有竞争力的。我们还要认识到这些原则的内在的矛盾性，既对立又统一。寻求具有竞争力的税制设计，不应苛求在同样的程度上满足各项基本原则的要求，只能是在以下基本原则之间进行权衡，有所取舍或有适当程度的牺牲。

一、坚持税收公平与效率的基本原则

本书第五章第一节已就具有竞争力的税制的构建、开放经济条件下传统公平、效率原则的拓展作了分析。这里主要就国际税收竞争背景下坚持国际税收分配公平原则和国际税收效率原则进行简要说明。

国际税收分配公平原则，是指主权国家在其税收管辖权相互独立的基础上平等地参与国际税收利益的分配，相关国家从国际交易的所得中获得合理的税收份额。各国的涉外税收立法及其所签订的税收协定的一个重要目的就在于确保公平的税收分配，没有公平的税收分配便没有税收的国际协调。实现国际税收分配公平最关键的因素在于合理地确定各国之间税收管辖权的划分。此外，关联企业转让定价的公平交易原则也在一定程度上反映了税收分配公平的原则。在现行国际税收制度中，有很多内容都反映了跨国纳税人的税负公平原则。如避免双重征税和防止避税与逃税在一定意义上说就是税负公平原则的一个直接要求，因此，在税制建设（包括涉外税收课税制度建设）中，坚持税收公平原则、推进税制竞争力建设是必要的。

国际税收效率原则是指以最小成本进行涉外课税，最大程度地获取涉外税收。以合理的涉外课税来最大限度地促进国际经济的发展，或最大限度减轻涉外课税对于国际经济发展的妨碍。20世纪80年代早期以来世界税制完善更注重市场化，更为关注税收的经济效率和行政效率，以降低税率、减少优惠、扩大税基、严格管理为主要趋势①。具有经济效率和行政效率的税制是具有竞争优势的税制，因此，在税制建设（包括涉外税收课税制度建设）过程中，坚持税收效率原则、推进税制竞争力建设是必要的。

二、税收法定原则的坚守

进行具有竞争力的税制建设，落实税收法定原则，既要有法可依，推进"形式法定"，更要良法善治，实现"实质法定"。不同经济和社会发展背景下所需解决的突出矛盾不同，政治选择各异，税制改革的目标与路径、结构与功能、价值侧重等亦会发生调整和变化。税收法定原则作为历经数次税收改革逐步形成的基本价值与原则，尤其应当坚守，这对于确保税制的合法性与民主性、充分体现法治精神、实现税收法治现代化具有重要意义。税制建设事关整体分配秩序变革，是国家法治发展的重要缩影。由于税制建设始终由国家直接推动，因而其建构性非常突出，需要相关的政治决策、体制改革、宪法修改、法律调整等诸多方面的配套，以建构能够及时回应经济社会需求的税制。我国未来的税制变革，唯有全面体现基本价值和基本原则，才能在法治的框架下，构建更为良好的国家与公民的"取用关系"，从而在国际上具备竞争力。

科学立法、民主立法的关键在于尊重客观规律，规范民主程序。科学性不只是弥补税法结构的不足，还要通过拓宽多渠道的民意反馈机

---

① 发达国家伴随税率下调的是企业和个人所得税各种减免政策数量的减少和范围的缩小；在发展中国家，这一趋势主要出现在中等收入国家（低收入国家为吸引流动税源则有加大税收优惠、税基缩小的结果）。

制，广泛征询广大纳税人的意见，更多回应民意诉求，达成不同利益群体的均衡。保障立法过程的透明和规范，通过公布草案、听证、评估等方式，保障公民能够广泛监督和参与。充分调研论证，通过顾问、咨询等方式，充分发挥专家学者的作用，减少授权性规定，强化全国人大及其常务委员会的税收立法的主导性、独立性，提高税法的权威性和可预测性。税收法定原则的落实不是一蹴而就的，而是不断完善的过程。就短期而言，税收立法依然是推进税收法治化的要务，需要借鉴立法技术，在近一两年内基本完成各税种的立法，提高立法质量；从中期来看，应考虑税收总则的立法规划，明确税法关系中的一般规定、基本原则、构成要件等基本问题，作为"母法"统筹统领税法体系；就长期而言，应考虑颁布税法总则与其他实体、程序法律关联的税收法典。在执法过程中，有法必依，违法必究，完善税收执法的监督、责任制度，保障纳税人司法救济的权利，增强税法的遵从度。适时修改"纳税前置""复议前置"的规定，降低纳税人行使诉权门槛，并健全税收司法保障机制。从整体财政管理效率的角度来看，将税收的征收和使用融为一体，均纳入法定范围，才能更好地实现税收法定。

三、税收主权"绝对性"与"相对性"的权衡

国际税收主权原则是指在国际税收中，一国在决定实行怎样的涉外税收制度以及如何实行这一制度等方面有完全的自主权，任何个人、国家和国际组织应尊重他国的税收主权。国家税收主权原则一个最重要的表现是涉外税收的立法。一个国家可以自由制定本国的涉外税法，包括税收管辖权的确定、避免双重征税、防止避税与逃税措施的确定。

随着全球化日益深化，需要平衡自治体系和国际共治体系、本国利益与多边主义，自由主义与适度监管，对税收主权的"绝对性"与"相对性"进行权衡。国家主权是国家拥有独立表达和实现政策的实际权力。税收主权是国家根据自身经济发展的目标制定税收政策，独立自

主地参与国际税收利益分配，以增加财政收入，维护自己的税收权益的根本权利[①]。

现代意义的税收主权必然是"绝对性"与"相对性"的平衡与融合，这要求一国行使其税收主权，既要考虑本国利益，也要考虑他国利益，既要注重本国经济社会的发展，也要兼顾他国的协调共同发展。主权在地区和国际体制中的分割和让渡，是一国获取其生存、发展空间的置换条件。一方面，税收主权具有其"绝对性"，是国家主权在税收领域的体现，是维护本国经济社会发展的重要资源和手段，必须保持一定的张力和独立自主性；另一方面，由于税收政策的外部性效应，国家应承担相应的国际责任，国家间应约束、调整其税收主权，因而税收主权也具有了"相对性"。

第二节 传统实体税源竞争与中国国际税收税源竞争策略创新

一、国际税源竞争目标下的税制结构与税收优惠

（一）国际税源竞争目标下税制结构的选择

税制结构决定一国政府收入目标、政治效力目标、经济效应目标。在开放经济条件下，受国际税源竞争目标的影响，为提高资本聚集能力

---

① 崔晓静. 论国际税收协调法律机制之构建——以负责任税收主权为基础[J]. 法学评论，2010：82—87.

和技术创新能力，增强国家竞争优势，需增加资本、人才的输入，减少资本、人才的流出，需要降低资本与高收入群体劳动所得税，使之不高于国际平均水平特别是周边国家水平。结合西方主要市场经济国家实践经验，考虑逐步提高直接税以及自然纳税人的比重，这要求在逐步提高直接税整体比重的同时，优化所得税的税种结构，完善财产税制度，减少相应的流动性税源的所得税税收负担。

具有竞争力的税制结构，是指构成税制的各税种设置合理，在社会再生产中的分布及相互之间的比重适宜，由此形成相互协调、相互补充的税收体系。具有竞争力的税制设计要与一国经济社会的发展水平和发展目标相适应，寻求效率与公平的平衡。我国税制结构优化应在现代财政制度的框架下进行，与国家治理体系和治理能力现代化匹配。由于国内经济社会的发展水平与国际税源竞争对税制结构的约束，现阶段仍需倚重以间接税为主的税制结构。

（二）国际税源竞争目标下税收优惠形式的选择

从国内视角来看，改革开放以来，全面的、多层次的涉外税收优惠格局的确立，为我国的经济发展带来举世瞩目的巨大推动力。然而，市场经济的灵魂之一是公平竞争，为实现与"统一税制、公平税负、促进公平竞争的原则"的内在契合，税收优惠应控制在"适当"的水平上，更应注重做到优惠方向、范围、方式诸方面的统一。从国际视角来看，2018年12月，OECD发布了有害税收实践论坛（FHTP）的历史审查结果，在已审查评估的246项优惠税制中，合规的优惠税制占被审查优惠税制的21.5%，不完全合规或完全有害的优惠税制占主体。税收优惠的本质是对基准税制的背离，因此，各国应审慎选择税收优惠。

在开放经济条件下实现高质量的经济发展，意味着我国不再简单地融入全球产业链，而是致力于追求创新能力和要素生产率的提升，实现我国国际分工角色的升级。我国应将结构调整、技术进步与创新等因素进行综合权衡，进行要素质量与人力资本的优化，着力发展高新科技产业和新兴战略产业等,综合考虑我国税收优惠政策的布局。因此,应严格控制涉外税收优惠的总量规模,并对优惠方式进行优化。对税收优惠的清理规范应通过实质合理性和形式合法性的税收优惠法律体系完成。

我国间接税的税收优惠,如对投资抵免、加速折旧、研发费用加计扣除或税收抵免、科技开发准备金提取等规模显著,占国内生产总值的比重在8%以上。然而间接税的转嫁特征决定了税收负担归宿的确定与税收优惠效应的评估较为困难,对间接税的税收优惠易于弱化其市场公平性。因此,对于间接税,尤其是增值税的政策更应以税制改革的方式实现。在税收优惠税种的选择上,更应考虑对于直接税的优惠。特别是在创新研发等领域,如允许研发人员扣除一定比例的培训教育费用,扩大奖励收入的免税范围,对个人技术转让所得和技术入股的投资收益免税,适度提高人才附加减除费用标准等。

二、吸引高质量外商直接投资竞争策略的完善

经济学家钱纳里(H. B. Chenery)和斯特罗特(A. M. Sturout)提出的著名的"双缺口模型理论"①阐明了外资对发展中国家经济发展的重要作用。近年来,我国在吸引外资方面取得了巨大成就,2019年全国新设立外商投资企业共40888家,同比下降32.5%,全年实际使用外商直接投资1381亿美元(折合9415亿元人民币)②。新形势下我国仍应将吸引高质量外商直接投资作为重要的政策目标予以落实。

就企业所得税改革来说,2019年全球平均公司所得税税率为24.18%,在所调查的218个单独的国家或地区中,大多数国家或地区的公司所得税税率低于25%;在"一带一路"核心区域国家,中亚五

---

① 钱纳里,斯特罗特. 国外援助和经济发展 [M]. 现代国外经济学论文选(第八辑),1984.
② 国家统计局. 中华人民共和国2019年国民经济和社会发展统计公报 [EB/OL]. http://www.stats.gov.cn/tjsj/zxfb/202002/t20200228_1728913.html,2020.2.28.

国的平均税率在8%到20%之间，我国25%的税率高于80%的"一带一路"沿线国家，境外已纳税款得不到充分抵免。在国际税收竞争愈演愈烈的背景下，从提升税制竞争力的角度来看，现阶段降低企业所得税的名义税率十分必要。较高的名义税率不仅会影响外商来华投资的积极性，而且会使已投资的企业利用转让定价将利润从我国转出到低税国或避税地。解决思路是：下调我国的企业所得税率，降至亚洲国家的平均水平，如20%，这时东道国税率在多数情况下高于我国，同时实行免税法，这样既能够解决当前抵免法带来的一系列问题，并吸引跨国公司到我国办厂，甚至设立总部，又不会对我国的财政收入造成很大的冲击。

此外，由于对外投资企业调整成本费用的程序十分烦琐，加大了税务机关和纳税人双方的成本，应予以简化。不允许在税前提取海外投资风险准备金，对企业防控风险不利，应考虑允许提取以优化此项政策。此外，延长企业亏损结转年限可以成为降低企业实际税负的一项重要措施。具体实施过程建议分为两个阶段：第一个阶段，在2018年高新技术企业和科技型中小企业试点之后，逐步将此项政策推广到各个行业，使这项政策惠及全部企业，普遍将亏损结转期限由目前的5年延长至8年。第二个阶段，长期来看，8年的亏损向后结转期限仍低于发达国家水平，可以进一步将亏损结转年限延长至20年，甚至实行无限期结转。由于企业所得税问题是经济数字化国际税收问题的核心，为提高税制整体竞争力，应建立适应数字经济时代的所得税整体框架，补充数据、用户等新要素所得的界定，修改跨境所得的利润归属和联结规则，同时解决数字资产税收价值评估问题。

具体来说，为吸引高质量外商直接投资，可从一般性政策和特别政策两个角度考虑。

就一般性政策而言，首先，应完善高新技术的税收激励制度。包括：（1）建立科技开发准备金税收激励制度。允许部分企业按其销售收入的一定比例提取科技开发基金。（2）对企业培训费用给予税收激励。如日本对大企业给予25%额增量税收抵免，韩国给予公司培训费用15%的总额税收抵免。（3）建立企业与科研部门合作的税收激励制度。可明确界定将企业与科研部门合作进行科技开发的费用，并予以加成扣除或抵免。（4）适当缩短无形资产的摊销年限，鼓励企业进行研发和技术转让。（5）延长技术开发费用扣除向未来年度的结转年限。（6）加大高新技术设备加速折旧力度等，并完善自主高新技术产品出口的税收激励制度，如对自主高新技术产品出口所得给予一定比例的税收扣除或税收抵免。其次，应完善环保节能产业的税收激励制度。包括加速折旧、投资抵免等以降低资源生产者的成本，提高投资项目的收益率。此外，建议完善投资基础设施的税收激励制度，加速折旧，给予再投资退税的政策优惠，以降低投资成本和风险。

就特殊政策而言，在新时期为提升我国开放质量，可考虑把发展总部经济作为重要的政策目标。应制定全国统一的跨国企业总部税收制度，较于周边国家，应让与更多的税收优惠。在优惠方式上，既要有如税率优惠、税额减免、优惠期限等直接优惠，也要有税前扣除、亏损扣除、加速折旧等间接优惠方式，形成具有竞争力的吸引高质量外商直接投资的政策体系。

就增值税改革而言，从提高税制竞争力的角度来看，不宜设置过多的税率档次和过高的税率。具体来说，改革措施主要包括：第一，减并税率档次。作为在生产环节征收的商品税，应尽量发挥税收中性特点。目前，世界绝大多数国家的增值税制度均规定实行两档税率，"一带一路"沿线的亚洲国家，除伊朗、印度尼西亚实行三档以上税率，塔吉克斯坦、越南实行两档税率，其他国家基本上实行一档税率。当前我国的三档税率既不利于税收中性，也增加了征管难度，长期而言可以最终减并为两档或一档。第二，降低税率。短期而言，可以进一步降低制造业增值税税率。在财政收入下行、减税政策空间收窄的情形下，减税改革应稳妥推进，以免对财政收入造成较大冲击，进行可持续性的税制改革。第三，减少不合理、不必要的税收优惠政策。生产环节的税收优惠政策会干扰要素、商品价格机制，阻碍要素、商品自由流动，扰乱市场运行和市场秩序，因此，应减少免税、差额征税、按简易办法征税、加计抵减。

三、吸引人才竞争策略的完善

综合国力的竞争说到底是人才竞争，一个国家对外开放，必须首先推进人的对外开放，特别是人才的对外开放，应更加积极主动地引进国外人才特别是高层次人才。吸引人才措施在税制中最直接的体现是个人所得税制。根据《2018年全球人才流动和资产配置趋势》，中国吸引力逐渐改变了全球人才流动格局。吸引人才的税收制度成为国际投资者关注的关键问题。

2018年实施的美国税改掀起了新一轮的税收竞争。其中，个人所得税是税改法案中减税规模最大的税种。改革方案包括：第一，税前标准扣除额翻倍；第二，降低最高边际税率为37%；第三，提高子女税收抵免额。由于高收入纳税人涉及减税措施更多，个人所得税改革明显利于降低高收入群体税负。目前，仅德国、法国、日本、南非个人所得税的最高边际税率为45%，除南非外的其他"金砖国家"的最高边际税率也均低于我国，如俄罗斯为13%，巴西为27.5%，印度为35.53%。我国香港地区和新加坡具有全球具有竞争力的个人所得税制。我国香港地区实行15%的最高个人所得税边际税率，同时免税与扣除项目的范围很广。新加坡实行22%的最高个人所得税边际税率和半来源地管辖权，且规定本国居民来源于境外的所得，除合伙人所得外皆可免税，并规定企业为外国人才提供的高薪、住房等福利支出可减免税。

2018年我国个人所得税的改革，包括起征点和税率的调整、增设专项附加扣除，在一定程度上考虑到了国际税收竞争力因素。然而我国个人所得税最高边际税率为45%，在参与统计的157个国家中排名第20位，最高边际税率的费用扣除额偏低，在一定程度上影响了我国个人所得税制的国际竞争力。就个人所得税改革来说，在同时考虑效率和公平的分配目标下，在适度的范围内，实施较低的个人所得税最高边际税率与较高的最高边际税率所适用的费用扣除额是具有竞争力的。实证研究表明，我国个人所得税最高边际税率有下调空间。由于跨国高收入人才对税率的敏感性，过高的税率易导致人才流失，或引起纳税人的不遵从。我国一些跨国公司高管实际工作地点与工资发放地背离的现象值得我们深思。其通过税收筹划分解、隐瞒所得，对其进行三次分配的政策意图难以实现。这决定了降低个人所得税最高边际税率的重要性。

因此，我国可考虑降低边际税率，与经营所得税率持平，大幅提高其适用费用扣除额，以提升对人才的吸引力。同时，对中低档对应的收入级距可以考虑进一步扩大，以稳定中产阶级。为促进非居民高素质人才的流入，还应统一来源地认定标准，完善个人所得税的计征方式，以经济关联因素作为征税权的基础，进一步协调国际税收协定与国内税法，消除法律法规与规范性文件的冲突。此外，考虑在企业所得税中适当对吸引高层次人才的支出进行税收减免。如法国规定，从事研究与开发（R&D）具有博士学位的雇员，工资费用按200%加计扣除。

第三节　新兴数字经济税源与中国经济数字化税收制度建设

与其他税基侵蚀和利润转移（BEPS）问题不同，经济数字化税收问题与税收管辖权直接相关。我国数字经济发展迅速，2019年我国数字经济规模为35.8万亿元，名义增长15.6%，占GDP比重为36.2%，居全球第二位。我国作为数字经济大国，须对数字经济征税问题有充分的研究和预判。积极争取数字经济税收的主导权,并开展税收实践,积极推广符合我国利益的方案,有效维护我国的数字经济优势和税收利益。目前经济数字化带来的税收挑战迫在眉睫,多边解决方案尚未达成,越来越多的国家将会采取单边的措施。对于数字经济带来的税收挑战,我国在积极参与国际税收规则研究及制定的同时,需做好国内税法的衔接,就企业所得税而言,主要包括以下几方面:

第一,扩展"机构、场所"的范畴。为与国际税收规则衔接,国内税法层面需扩展机构、场所的范畴,可增设虚拟主体条款,将数字经济类企业在我国因用户、市场、客户群等要素构成的经济存在纳入其中。另外,如前所述,"用户参与"提案与"营销型无形资产"提案仅是提出了新的利润分配规则,即赋予用户所在地与市场地对企业部分利润享有征税权,但具体如何实施征税权尚未明确。在国内税法层面,如果要对分配至我国的利润征税,征税主体仍需立足机构、场所,因此,也需要在机构、场所定义内新增虚拟主体条款。

第二,细化数字经济类企业核定征收方式。当数字经济类企业因"显著经济存在"构成我国国内法规定的机构、场所,在收入或成本费用较难核算的情况下,基本会采取核定征收方式。鉴于数字经济价值创造的特殊性及其业务模式不断更迭与创新,核定利润率的确定是难点。根据《非居民企业所得税核定征收管理办法》,目前核定利润率分为三档:从事承包工程作业、设计和咨询劳务的,利润率为15%—30%;从事管理服务的,利润率为30%—50%;从事其他劳务或劳务以外经营活动的,利润率不低于15%。建议结合数字经济类企业的基本业务类型,在分析大量样本企业收入、实际利润率的基础上,细化设置具体的核定利润率,在保障税源的同时,进一步促进数字经济的发展。

第三,定义新的收入类别,征收预提所得税。目前,居民企业向非居民企业支付股息、红利等权益性投资收益和利息、租金、特许权使用费、财产转让所得时,需代扣代缴预提所得税。而数字经济类企业在境外通过互联网远程提供的各类软件服务、广告服务、技术服务等,均不属于预提所得税的征收范围。如果国际税法对于"显著经济存在"采取征收预提所得税的方式解决来源国税源流失问题，我国国内税法也需增加相应条款，对于数字经济类企业提供的服务，定义新的收入类别，征收预提所得税。鉴于该项预提所得税是以收入为税基，因此，设置较低的扣缴税率较为合适。此外，在具体设计相关政策时，需关注下列事项：（1）应税服务范围的界定。因数字经济类企业创新发展迅速，服务内容、运营模式推陈出新，故不建议采取列举的方式罗列应税服务范围，可结合服务的特点与要素进行原则性的提炼。（2）个人作为支付主体时，扣缴义务较难履行。个人是数字经济消费的主体，对于这部分税源，从便于征管的角度，建议由第三方支付平台作为指定扣缴义务人履行扣缴义务。

　　第四，完善跨地区经营汇总纳税分支机构分摊规则。数字经济税收问题不仅存在于跨国集团与商业模式中，也存在于国内的数字经济类企业。对于此类情形，传统的分摊要素已较难适应数字经济的商业模式。从契合价值创造实质、公平分摊各地税源的角度，建议对于数字经济类跨地区经营汇总纳税企业，可探索增加活跃用户量、流量等数据作为分摊要素，同时降低职工薪酬与资产总额两项要素的权重。

　　就增值税来说，从提高税制竞争力的角度看，为应对当前经济数字化的挑战，完善增值税相关制度的具体措施是：第一，明确定义数字产品和服务。明确增值税的应税行为包括销售数字产品和提供数字服务，并单独对数字产品和服务进行明确规定，与相对应实物具有相同性质或相似的数字产品或服务应拟订相同税率，及时关注数字产品和服务的新发展并完善规定。第二，完善增值税纳税人的定义。有关增值税纳税人的定义中纳入出售数字产品和提供数字服务的应税行为，明确进口服务（包括数字化服务）和数字产品的单位，并明确向我国境内个人提供服务（包括数字化服务）和数字产品的境外提供商为增值税纳税人。第三，完善税收征管规定。提供商在境内有常设机构（或代理商）的，可以由常设机构（或代理商）缴税。否则在 B2B（企业与企业之间）

的情况下,可以采取"逆向征收法",在 B2C(企业与消费者之间)的情况下要求境外提供商在我国注册并缴税。也可以委托银行等其他支付平台在境内消费者向境外提供商支付过程中代扣代缴税款。

面对数字经济化的挑战,作为数字经济大国,我国应与相关国际组织密切合作,继续加强对数字经济背景下国际税收问题的研究,既为数字经济下国际税收规则的形成做贡献,更要为我国税制建设提供支撑。在研究过程中注重国际政治经济因素的影响,维护我国的税收利益,推动国际秩序朝着更加公正合理的方向发展。

第四节 国际税收规则变化与中国国际税收的协调发展

一、反税基侵蚀与我国反避税制度的完善

经济合作与发展组织(OECD)在 2019 年 5 月发布的《OECD 应对经济数字化税收挑战的工作计划》中,提出了应对数字经济税收挑战的税基侵蚀提案,同年 11 月发布《第二支柱下的全球反税基侵蚀提案——公众咨询文件》,从三个方面描述特定技术组成部分,旨在解决低税管辖区造成的税基侵蚀和利润转移问题。其达成还需要假以时日。目前我国《企业所得税法》《企业所得税法实施条例》《特别纳税调整实施办法(试行)》以及《一般反避税管理办法(试行)》初步构建起一般反避税的基本制度框架,提供了一般反避税管理的原则性规定。应对反避税制度进一步予以细化。

（一）完善转让定价反避税制度

首先应补充完善无形资产和服务的转让定价规定。随着数字经济的发展，无形资产在现代经济发展中的地位越来越重要，但由于其交易方式与价值的确定非常复杂，加之其本身还有很大的隐蔽性，对其交易是否符合公平交易原则的判定就难上加难，因而，对于无形资产转让定价制度应该规定得更为详尽具体。目前我国关于无形资产转让定价的规定没有具体说明采用何种方法、如何进行调整。建议：首先，应明确指出无形资产和服务同样适用"公平交易原则"及转让定价调整方法可优先使用可比利润法和利润分割法；其次，应制定详细的无形资产转让定价调整方法体系；最后，应制定无形资产转让定价的事后调整制度，规定调整的比例和实效，实现税负公平。此外，还应完善预约定价制度中关于纳税人信息保密的规定。

（二）完善资本弱化反避税制度

我国对于资本弱化的规制存在认定标准过于笼统、规制标准相对严格等问题。首先，债权投资形式多样复杂，而我国尚未对不同类型的债权投资进行具体的规定。笼统的认定标准导致对于资本弱化反避税规则执行效力的弱化。其次，目前我国对于关联方25%的认定比例低于国际平均水平，较大的规制范围不利于进一步提高开放程度。因此，建议适当提高关联方认定比例，以更大规模地吸引国际资本。当前我国规定的债资比率为2:1，低于国际平均水平。为吸引外资、促进经济发展，建议适当放宽企业的债资比率。

（三）受控外国企业税制的完善

目前我国对于受控外国企业的规定不够具体明确，在控制标准、适用的纳税人、适用地域等方面，均需要进一步完善。首先，对于控制标准的认定，应予以更为细致化的规定，具体来说可分为数量要件、时间要件和数量测试三方面来认定。其中，对于数量要件的规定，应适当放宽最低持股标准；在时间要件的规定上，考虑到持股转让的问题，可明确将受控外国企业税制的纳税人涵盖居民个人。其次，就适用的地域范围而言，建议同时设立"白名单"与"黑名单"，对除"白名单"和"黑名单"之外的企业按照实缴税额进行对比来确定是否适用受控外国企业反避税规则。最后，建议增加对于免于适用规则的设计，如"积极经营豁免""数额不大所得豁免"及"无避税动机豁免"等。

二、税收协定与我国国际税收协调的完善

税收协定一般包括国家（地区）间签订的避免双重征税、防止逃避税的协定，以及对外签署的航空协定税收条款、海运协定税收条款、汽车运输协定税收条款、互免国际运输收入税收协定或换函，具有协调缔约国之间税收管辖权的划分与税务行政合作的功能。至2020年4月底，我国已正式对外签署110个税收协定，包括107个避免双重征税协定，其中已生效的税收协定有101个，同时包括内地与港、澳、台签署的税收安排与税收协议。当前我国税收协定体系尚存在以下不足之处。

第一，税收协定体系有待进一步完善。首先，税收协定覆盖区域有待拓展。我国与欧洲、亚洲国家签订的税收协定较多，与非洲、美洲、大洋洲国家签订的税收协定较少。非洲是我国资本输出及部分产业转移的重要区域。随着我国对非洲投资力度的加大，需要及时与相关国家签订税收协定。其次，部分协定需要重新谈判及签订。随着互联网技术和数字经济的兴起，世界各国税制有所调整，已对早期签订的税收协定进行修订。我国在20世纪签订了63份双边税收协定，目前仅修订重签了12份，尚有大部分协定需要根据经济发展形势、国际税收改革成果以及国内税法重新修订。

第二，税收协定条款需要进一步更新。税收协定工作文本需要修

订,税收管辖权立场需要调整,以促进我国"走出去"企业投资,税收优惠条款需要增加。

第三,税收协定执行不够规范。税收协定执行与国内税法衔接不够,税收协定条款执行文件解释不足,税收协定协商机制不够健全。从实际调研情况来看,在执法过程中存在很多对税收协定的理解有偏差的情况(见表6-1)。

表6-1　　　　　　国家(地区)税收协定数量比较

国家(地区)	税收协定数量(份)	国家(地区)	税收协定数量(份)
中国	102	日本	76
美国	70	英国	138
法国	129	俄罗斯	80
中国香港	41	瑞士	109
中国澳门	5	德国	99
韩国	96	中国台湾	32
澳大利亚	55	新加坡	91
印度	102	卢森堡	84
巴西	33	荷兰	103

资料来源:IBFD税收数据库,数据获取时间为2019年。

随着国内外经济形势的动态变化,我国税收协定所反映的政策、立场也应适时调整。为此,首先应制定税收协定谈判及签订规则。修订税收协定工作文本,明确税收协定谈判及签订原则,确定税收协定目标。其次,应完善税收协定条款内容,融入国际税收改革成果,修改税收协定核心条款,增加税收优惠激励条款。最后,应提升税收协定执行效应,加强税收协定与国内税法衔接,完善税收协定服务机制:一是加强税收协定宣传辅导,二是完善税收协定协商机制。在引入仲裁机制之前,应尽可能完善税收协定协商机制,如简化税收协定协商程序,提升税收协定协商的效率;增配税收协定执行机构岗位人员,保证及时启动相互协商程序等。

三、信息交换与我国国际税收征管协作的推进

传统的国际税收合作主要依托于税收协定进行,"信息交换"条款和"相互协商程序"条款规定了税收合作的内容。OECD 于 2010 年发起各国签署的《多边税收征管互助公约》,与 2014 年制定的《金融账户涉税信息自动交换标准》极大地提升了国际税收合作的有效性,促进了税收信息的主动、自动交换。税收信息交换是国际税收征管合作的重要内容,包括专项信息交换、自发信息交换、自动信息交换、同期税务检查、境外税务检查与调查等。2019 年,近 100 个国家(地区)实施了自动信息交换,使各国税务当局能够获取其居民离岸金融账户的 8400 万个数据,覆盖总资产 10 万亿欧元,与 2018 年(实施自动信息交换的第一年)相比有了显著的增长(见表 6-2)。

表 6-2　　　　　　　2017—2019 年自动信息交换的发展

年份	参与交换的国家数量(个)	成立的交换关系数量(个)	账户数量(百万个)	覆盖资产规模(万亿欧元)
2017	48	2600	11	1.1
2018	96	4500	47	4.9
2019	97	6100	84	10

资料来源:OECD. 国际社会继续在打击海外逃税方面取得进展 [R]. 2020.

我国应从完善税收法律、优化征管机制两方面来推进我国国际税收征管的协作工作,在即将修订的《税收征管法》中加入金融机构提供涉税信息义务、征税协助、文书送达技术援助等事项的条款。具体来说:第一,明确税收信息交换的适用范围、信息交换的方式、保密义务的履行、纳税人知情权等问题,健全税收信息交换的配套机制。第二,明确征税协助的基本原则和主要程序,如主管部门、请求权的审查、优

先权、时效、保全措施、费用分担等。第三，明确文书送达的主管部门、程序要求、协助方式等，同时加强《个人所得税法》《企业所得税法》《税收征管法》与税收协定相关规定的协调与衔接。

四、提升我国对国际税收规则制定的影响力

习近平总书记强调，以西方国家为主导的全球治理体系出现变革迹象，但争夺全球治理和国际规则制定主导权的较量十分激烈，西方发达国家在经济、科技、政治、军事上的优势地位尚未改变[1]；对国际话语权的掌握和运用，我国在很多场合还是人云亦云，甚至存在舍己芸人现象[2]；要加快提升中国话语的国际影响力[3]。现有的国际规则体系仍主要是欧美体系，建设具有竞争力的税制不仅是被动地适应国际税收规则的变化，还要积极地影响国际税收规则的制定、完善和优化，就国家税收的国际方面积极发表观点、意见，以及参与国际税收秩序调整过程中的话语权力，是参与分配跨国经济发展成果、维护一国国际税收权益的重要工具。它主要体现在国际税收规则制定过程中的税收知情权、表达权、参与权和主导权的综合运用。

国际税收规则是税收管辖权的重新划分，体现了大国间在国际税收领域的博弈。国际税收规则改革的倡议，虽然被描述为对所有参与者有益，开始逐步考虑融入发展中国家的建议，但话语权往往掌握在主要发达国家手中。现有的国际规则体系主要是欧美体系，国际税收协调过程中的话语权依然不对称。改革方案的提出，也明显基于主导国家自身利益的考虑。如国际税收协定范本，尤其是《OECD税收协定范本》是统

---

[1] 习近平：在省部级主要领导干部学习贯彻党的十八届五中全会精神专题研讨班上的讲话，2016年1月28日。
[2] 习近平：《习近平关于社会主义文化建设论述摘编》，北京：中央文献研究室，2017年11月1日。
[3] 习近平：在党的新闻舆论工作座谈会上的讲话，2016年2月19日。

第六章　求解与深化改革：具有竞争力税制建设的具体建言

一和规范税收协调的重要文件。虽然经济合作与发展组织范本内容系统且与时俱进，但其根基是协调两个经济发展水平相同、贸易与资本流动对等的（发达）国家之间的关系。而在发达国家和发展中国家非对等的情形下，居民课税权的主导地位导致发展中国家税收的流失。又如德国对企业利润设置最低有效税率改革方案（即第三条改革路径）的提出，是由于德国生产大于投资与消费，基于较高的贸易顺差的国情，将征税权更多地给予市场国与本国利益不符。而这一方案获得倡导的部分原因在于，以美国为代表的发达国家开始转向属地税制，如美国《减税与就业法案》将公司税制由属人原则向属地原则转变。为维护本国税基，对境外收入征收最低税率显得更加必要。

国际税收规则是国际税收治理的主要工具，OECD 等国际经济组织发挥着重要的作用。多年来，中国参与国际税收治理取得诸多成果。改革开放以来，特别是加入 WTO 以后，我国逐步参与国际税收治理。进入新时代以来，中国更加积极地参与国际税收规则的调整，作为《实施税收协定相关措施以防止税基侵蚀和利润转移（BEPS）的多边公约》特别工作组第一副主席国，中国针对 BEPS 行动计划的立场提出一千余项声明和意见建议，提议的成本节约和市场溢价对跨国公司的超额利润也具有贡献的理念被写入第八至第十项行动计划，并在集团内部劳务的税务处理方面做出了反避税的制度贡献，我国提议的市场溢价、选址节约理论成为反避税的可调整因素。在首届"一带一路"税收征管合作论坛上，中国不断推动和引领双边、次多边及多边国际税收合作，在国际税收舞台上展示了中国作为。

我国是最大的发展中国家，此次国际税收规则重塑为我国积极参与税收协调，在谈判和博弈过程中维护发展中国家的利益，以及做出微观层面的制度贡献提供了机遇。无论在学术研究方面还是在政策实践方面，不能只注重学习遵守规则，而忽视积极参与修正规则、制定规则。在制定规则的谈判和博弈过程中，应积极去争取"制度性话语权"，不能被动地寄希望于其他主导国家在制定国际税收规则时考虑我国的情况。只有积极参与国际税收规则的制定与创新,在参与过程中不断积累广泛的知识经验和人才,才能维护我国的税收利益,并推动国际秩序朝着更加公正合理的方向发展。

参考文献

[1] 国际财政文献资料网站，https：//www.ibfd.org.

[2] 世界银行数据库网站，https：//data.worldbank.org.cn.

[3] 国际货币基金组织数据库网站，https：//www.imf.org/en/data.

[4] 牛津大学商业税收研究中心网站，https：//www.sbs.ox.ac.uk/research－and－initiatives/oxford－university－centre－business－taxation.

[5] OECD 数据库网站，https：//data.oecd.org.

[6] 国家税务总局网站，http：//www.chinatax.gov.cn/n810341/n810770/index.html.

[7] 罗伊·罗哈吉．国际税收基础［M］．北京：北京大学出版社，2006.

[8] 布坎南．宪政经济学［M］．北京：中国社会科学出版社，2004.

[9] 哈维·罗森．财政学［M］．北京：中国人民大学出版社，2000.

[10] 伯纳德·萨拉尼．税收经济学［M］．陈新平，王瑞泽，陈宝明，周宗华译．北京：中国人民大学出版社，2017.173—174.

[11] 国家税务总局国际税务司．中国国际税收政策精选［M］．北京．中国税务出版社，2019.

[12] 国家税务总局国际税务司．国际税收政策及解读汇编［M］．

北京．中国税务出版社，2019.

[13] 汤贡亮．税收理论与政策 [M]．北京：经济科学出版社，2012.

[14] 刘剑文．国际税法 [M]．北京：北京大学出版社，2013.

[15] 靳东升，龚辉文．经济全球化下的税收竞争与协调 [M]．北京：中国税务出版社，2008.

[16] 龚辉文．国际税收竞争是现代税制改革的主要推动力 [J]．税务研究，2017（09）：1.

[17] 朱青．国际税收 [M]．北京：中国人民大学出版社，2018.

[18] 何杨．BEPS 多边公约与我国双边税收协定 [J]．国际税收，2018（01）：45—50.

[19] 杨志清．我国国际税收理论与实践的回顾与展望 [J]．国际税收，2018（12）：24—27.

[20] 廖体忠．高质量推进国际税收现代化 助推全面开放新格局 [J]．国际税收，2018（12）：2，13—15.

[21] 刘穷志．税收竞争、资本外流与投资环境改善——经济增长与收入公平分配并行路径研究 [J]．经济研究，2017，v.52；No.594（03）：61—75.

[22] 高培勇．新时代中国财税体制改革的理论逻辑 [J]．财政研究，2018（11）：11—16.

[23] 高培勇．中国财税改革 40 年：基本轨迹、基本经验和基本规律 [J]．经济研究，2018，53（03）：4—20.

[24] 经济合作与发展组织．2013 税收征管 OECD 与其他发达及新兴经济体可比信息 [M]．国家税务总局国际税务司译．北京：中国税务出版社，2014.

[25] 廖体忠．公平和现代化的国际税收体系：回顾与探索 [J]．国际税收，2019（11）：5—12.

[26] 严成樑，龚六堂．税收政策对经济增长影响的定量评价 [J]．

世界经济，2012（2）：41—61.

[27] 方福前．公共选择理论——政治的经济学［M］．中国人民大学出版社，2000.

[28] 贾康，赵全厚．财税体制改革30年回顾与展望［M］．北京：人民出版社，2008.

[29] 布坎南．民主过程中的财政［M］．上海：上海三联书店，1992.

[30] 戴悦，朱为群．G20代表性国家提升企业所得税制竞争力的改革及对我国的政策启示［J］．财政研究，2018（4）：108—118.

[31] 陈琍，王婷婷．2018年世界增值税改革发展评述［J］．税务研究，2019（04）：49—53.

[32] 邓力平，王智煊．国际税收竞争模型构建评析［J］．税务研究，2008（12）：28—32.

[33] 崔晓静．国际税收透明度同行评议及中国的应对［J］．法学研究，2012（04）：188—198.

[34] 崔晓静．国际税收行政合作的新发展及其法律问题研究［M］．北京：中国社会科学出版社，2014.

[35] 葛夕良．论我国居民企业境外所得重复征税消除制度的优化［J］．财经论丛，2014（08）：22—29.

[36] 葛夕良．全球化下企业所得税国际税收问题思考［M］．北京：经济日报出版社，2015.

[37] 国家税务总局税科所课题组，靳东升，龚辉文等．财税制度国际竞争力问题研究［J］．财政研究，2010（10）：3—7.

[38] 汤贡亮，王越．国际税制竞争力对对外直接投资的影响——基于边际有效税率的研究［J/OL］．经济与管理评论，2019（05）：138—148.

[39] 朱青．中国企业"走出去"面临的税收问题［J］．涉外税务，2012（01）：34—38.

[40] 邓力平．从"现实版"到"升级版"：构建中国特色国际税收的思考 [J]．国际税收，2014（09）：6—9．

[41] 崔晓静．论国际税收协调法律机制之构建——以负责任税收主权为基础 [J]．法学评论，2010（05）：82—87．

[42] 崔晓静．我国跨境税收行政合作制度的深化拓展——以法国和欧盟的税收行政合作的新发展为借鉴 [J]．法学杂志，2011（05）：24—27+37．

[43] 谢伏瞻，蔡昉，江小涓，李实，黄群慧．完善基本经济制度推进国家治理体系现代化——学习贯彻中共十九届四中全会精神笔谈 [J]．经济研究，2020，55（01）：4—16．

[44] 汤贡亮．中国税收发展报告——中国国际税收发展战略研究 [M]．北京：中国税务出版社，2013．

[45] 张守文．税制变迁与税收法治现代化 [J]．中国社会科学，2015（02）：80—102．

[46] 陈共．财政学 [M]．北京：中国人民大学出版社，2012．

[47] 刘永伟．税收主权与税收专约的解释依据 [J]．中国社会科学，2013（06）：129—145+207．

[48] 高培勇．论国家治理现代化框架下的财政基础理论建设 [J]．中国社会科学，2014（12）：102—122．

[49] 朱为群，李佳坤．激励科技创新的"专利盒"优惠税制的发展特征及启示 [J]．税务研究，2019（11）：52—59．

[50] 高金平．数字经济国际税收规则与国内税法之衔接问题思考 [J]．税务研究，2019（11）：70—76．

[51] 张斌．减税降费与中长期税制优化 [J]．国际税收，2019（09）：11—14．

[52] 韩霖．OECD 应对经济数字化税收挑战的工作计划：简介与观察 [J]．国际税收，2019（08）：19—24．

[53] 帕斯卡·圣塔曼，梁若莲．数字化带来的税收挑战：盘点与

展望[J]. 国际税收, 2019 (08): 5—9.

[54] 刘奇超, 曹明星, 王晶晶. 直面经济数字化国际税收改革真问题: 利润分配新规则的重构、解构与建构[J]. 国际税收, 2019 (08): 10—18.

[55] 岳茜玫. 政治经济学视角下的房地产税改革[J]. 税务研究, 2019 (08): 58—63.

[56] 何杨, 夏安. 转让定价税制对企业利润转移的影响研究[J]. 国际税收, 2019 (07): 37—42.

[57] 嵇峰. 完善中国税收居民个人管理机制的若干建议[J]. 国际税收, 2019 (07): 79—80.

[58] 邓辉, 王新有. 走向税收法治: 我国税收立法的回顾与展望[J]. 税务研究, 2019 (07): 58—61.

[59] 孔丹阳. 个人所得税反避税规则的比较与借鉴[J]. 国际税收, 2019 (06): 5—7.

[60] 张文春. 属地税制、数字化税收与国际税收新秩序——当前国际税收发展的三大问题[J]. 国际税收, 2019 (06): 34—39.

[61] 王志荣. 国际视角下优化我国税收营商环境的路径选择[J]. 税务研究, 2019 (06): 62—66.

[62] 曹明星. BEPS背景下转让定价税制的冲突与协调——以特殊地域优势的利润分割原则与方法为中心[J]. 税务研究, 2019 (06): 57—61.

[63] 戴悦. 国际税收体系的现行问题与发展方向分析[J]. 中央财经大学学报, 2019 (05): 13—18.

[64] 胡连强, 杨霆钧, 张恒, 李海燕. 基于数字经济的税收征管探讨[J]. 税务研究, 2019 (05): 119—122.

[65] 刘尚希, 樊轶侠. 论高质量发展与税收制度的适应性改革[J]. 税务研究, 2019 (05): 12—17.

[66] 付敏杰. 新时代高质量发展下的税制改革趋向[J]. 税务研

究，2019（05）：30—33.

[67] 廖体忠. 深化国际税收合作 助力"一带一路"建设［J］. 国际税收，2019（04）：33—35.

[68] 胡怡建. 更好发挥税收在国家治理中作用的思考［J］. 税务研究，2019（04）：3—7.

[69] 张斌. 国家治理视角下的税收现代化进程：共性、差异与路径［J］. 税务研究，2019（04）：8—13.

[70] 朱为群，许建标. 构建房地产税改革收支相连决策机制的探讨［J］. 税务研究，2019（04）：24—30.

[71] 刘芳雄，陈虎. 全球反避税形势及中国反避税制度的完善之道［J］. 税务研究，2019（04）：60—64.

[72] 王思琪，齐楚. BEPS背景下我国受控外国企业规则探究［J］. 税务研究，2019（04）：64—67.

[73] 何杨，孟晓雨. 数字化商业模式与所得税解决方案探讨［J］. 国际税收，2019（03）：14—19.

[74] 朱炎生. 经合组织数字经济税收规则最新提案国家间利益博弈分析［J］. 国际税收，2019（03）：5—13.

[75] 刘奇超. 经济数字化税收政策体系建构的新观察与新思路：一个总体分析框架［J］. 国际税收，2019（03）：25—33.

[76] 谢波峰，陈灏. 数字经济背景下我国税收政策与管理完善建议［J］. 国际税收，2019（03）：20—24.

[77] 杜爽，孙琳. 资本所得课税的模式选择：国际比较与经验借鉴［J］. 国际税收，2019（03）：66—71.

[78] 王永钦，杜巨澜，王凯. 中国对外直接投资区位选择的决定因素：制度、税负和资源禀赋［J］. 经济研究，2014，49（12）：126—142.

[79] 李潇，邓力平，王智烜. 税收竞争与中国对"一带一路"沿线国家直接投资［J］. 税务研究，2019（03）：79—85.

[80] 何杨, 陈琍, 刘金科. 经济数字化的所得税挑战与中国应对策略 [J]. 财政科学, 2019 (02): 20—27.

[81] 王宝顺, 邱柯, 张秋璇. 数字经济对国际税收征管的影响与对策——基于常设机构视角 [J]. 税务研究, 2019 (02): 86—91.

[82] 曹明星, 杜建伟. 求本溯源 存异求同: 国际税收竞争与协调的最新发展与完善路径 [J]. 国际税收, 2019 (01): 31—34.

[83] 彭海艳, 罗秦. OECD 成员国股息所得税最新发展及启示 [J]. 国际税收, 2019 (01): 59—63.

[84] 廖体忠. 高质量推进国际税收现代化 助推全面开放新格局 [J]. 国际税收, 2018 (12): 13—15 + 2.

[85] 杨志勇. 中国税制 40 年: 经济、社会与国家治理视角 [J]. 国际税收, 2018 (12): 16—23.

[86] 杨志清. 我国国际税收理论与实践的回顾与展望 [J]. 国际税收, 2018 (12): 24—27.

[87] 周广仁. 中国增值税改革发展四十年实践与思考 [J]. 税务研究, 2018 (12): 27—32.

[88] 廖体忠, 韩霖. OECD 最新税改报告: 多国重大税制改革凸显财税政策重要性 [J]. 国际税收, 2018 (11): 6—8.

[89] 何杨, 景诗曼, 何明俊. 企业所得税最新国际发展趋势研究 [J]. 国际税收, 2018 (11): 15—20.

[90] 张京萍, 刘晶晶, 李楠楠. 个人所得税改革国际发展趋势研究 [J]. 国际税收, 2018 (11): 21—26.

[91] 张文春, 王妍. 全球税收管理改革新趋势 [J]. 中国财政, 2018 (20): 72—73.

[92] 毛瑞鹏. 全球税收治理转型中的制度竞争——以 OECD 为中心的分析 [J]. 世界政治研究, 2018 (02): 122—142 + 207—208.

[93] 韩霖, 高阳, 叶琼微. 国际税收协定: 过去、现在与未来——专访荷兰莱顿大学国际税法教授凯斯·范·拉德 [J]. 国际税

收，2018（10）：30—34+2.

[94] 景韬，刘志成．后 BEPS 时代的国际税收博弈与应对 [J]．税务研究，2018（10）：78—81.

[95] 邓力平．中国税收：四十年彰显特色 新时代展示作为 [J]．税务研究，2018（10）：5—13.

[96] 刘植才．我国增值税制度回顾与展望 [J]．税务研究，2018（10）：31—38.

[97] 梁俊娇，李想，王怡璞．增值税税率简并方案的设想、测算与分析——基于投入产出表分析法 [J]．税务研究，2018（10）：45—52.

[98] 朱青，杨宁．关于 OECD 应对经济数字化国际税收改革方案的评论 [J]．国际税收，2020（08）：3—7.

[99] 张云华，商永亮．大数据时代税收管理的机遇与挑战探析 [J]．税务研究，2018（09）：76—81.

[100] 刘奇超，曹明星，王笑笑，王和美．数字化、商业模式与价值创造：OECD 观点的发展 [J]．国际税收，2018（08）：20—29.

[101] 帕特丽夏·霍夫曼，纳丁·里德尔，陈新．发展中国家的转让定价制度（下）[J]．国际税收，2018（08）：40—43.

[102] 卢艺．世界减税潮及中国的应对 [J]．国际税收，2018（08）：77—81.

[103] 陈宇，肖孟璇，何杨．对特朗普税收和贸易新政的思考 [J]．国际贸易，2018（06）：39—43.

[104] 杨志勇．中国税收现代化之路的选择 [J]．国际税收，2018（06）：25—30.

[105] 科尔曼·茉莉，刘奇超，陈明．经济数字化背景下常设机构的规则调整：一个总体框架 [J]．国际税收，2018（06）：38—46.

[106] 韩霖．转让定价的未来（上）[J]．国际税收，2018（05）：51—54.

[107] 张健，钱震，陈玉武，董洋．企业所得税改革的国际趋势研究与借鉴［J］．国际税收，2018（05）：69—72．

[108] 迟连翔，欧阳宇琦．后 BEPS 时代国际税收规则探析——基于数字经济的视角［J］．税收经济研究，2018，23（02）：83—86．

[109] 付敏杰．新时代高质量发展下的税制改革趋向［J］．税务研究，2019（05）：30—33．

[110] 刘奇超，罗翔丹，刘思柯，贾茗铄．经济数字化的税收规则：理论发展、立法实践与路径前瞻［J］．国际税收，2018（04）：35—42．

[111] 周鉴声，谢毅，汪智谋．一般反避税的实践与思考［J］．国际税收，2018（04）：53—56．

[112] 李万甫．精准施策 助力提升高质量发展的税收治理［J］．税务研究，2018（04）：37—41．

[113] 许多奇．新税制改革与创新驱动发展战略［J］．中国社会科学，2018（03）：123—145＋208．

[114] 张瑶．情报交换协定是否能遏制企业的税基侵蚀和利润转移行为［J］．世界经济，2018，41（03）：127—146．

[115] 韩霖．评估 BEPS 项目：由来、标准制定及实施状况［J］．国际税收，2018（03）：64—69．

[116] 张斌．把握社会主要矛盾转化 深化税收制度改革［J］．税务研究，2018（02）：12—18．

[117] 马海涛，郝晓婧．现代化经济体系建设与税制改革［J］．税务研究，2018（02）：5—11．

[118] 倪红日．全面减税降费背景下的税收经济增长［J］．国际税收，2019（09）：5—10．

[119] 刘蓉．全球性减税浪潮下我国减税降费的政府努力与市场活力［J］．国际税收，2019（09）：15—19．

[120] 杨晓雯，张泽平．BEPS 背景下对国际税收合作博弈的思

考［J］. 国际税收，2018（01）：73—76.

［121］廖体忠，韩霖. OECD 报告显示：各国以促增长为核心的税制改革导致税收竞争加剧［J］. 国际税收，2017（12）：12—14.

［122］何杨，孟晓雨. 企业所得税最新国际发展趋势研究［J］. 国际税收，2017（12）：21—27.

［123］邓力平. 对新时代中国税收新站位的思考［J］. 国际税收，2017（12）：6—11.

［124］深度参与国际税收改革 书写大国税务责任担当——党的十八大以来国际税收改革发展综述［J］. 国际税收，2017（11）：6—8.

［125］杨肖. 税收透明度与情报交换的发展和应对［J］. 国际税收，2017（11）：22—25.

［126］罗秦. 税务营商环境的国际经验比较与借鉴［J］. 税务研究，2017（11）：26—31.

［127］杨志勇. 自贸区、逆全球化与未来中国对外发展思路［J］. 国际税收，2017（10）：16—19.

［128］蔡建勋，沈向民，吴健. 国际税收竞争效应分析：一个理论分析框架［J］. 国际税收，2017（10）：77—81.

［129］高培勇. 直接税改革：基于防范化解金融风险视角的讨论［J］. 税务研究，2017（10）：5—8.

［130］龚辉文. 国际税收竞争是现代税制改革的主要推动力［J］. 税务研究，2017（09）：14—19.

［131］郭月梅，厉晓. 从税收管理走向税收治理——基于国家治理视角的思考［J］. 税务研究，2017（09）：112—116.

［132］吴小强，王志刚. 现代最优税收理论的研究进展［J］. 税务研究，2017（08）：34—38.

［133］胡洪曙，王宝顺. 我国税制结构优化研究——基于间接税与直接税选择的视角［J］. 税务研究，2017（08）：14—20.

［134］周克清，杨昭. 世界各国新一轮减税浪潮：比较与启

示［J］．税务研究，2017（08）：64—68．

[135] 邓力平．对新时期中国关税政策运用的五点认识［J］．国际税收，2017（07）：28—29+2．

[136] 胡怡建．继续深化改革 构建现代增值税制度体系［J］．国际税收，2017（07）：14—16．

[137] 王秀文，闫秀丽．近年OECD成员国税制运行分析［J］．国际税收，2017（07）：54—58．

[138] 袁建国，胡明生，陶伟．国外个人所得税改革趋势及借鉴［J］．税务研究，2017（07）：54—58．

[139] 应涛．提升中国税收话语权 推动国际税收规则发展——基于企业"走出去"角度［J］．国际税收，2017（06）：79—81．

[140] 许建国．税收公平问题的理论渊源与现实思考［J］．税务研究，2017（05）：12—17．

[141] 沈娅莉．"逆全球化"背景下中国的涉外税收政策选择［J］．税务研究，2017（05）：77—81．

[142] 崔晓静．中国与"一带一路"国家税收协定优惠安排与适用争议研究［J］．中国法学，2017（02）：194—214．

[143] 姜跃生．对特朗普税改计划与中国应对之策的思考（上）[J]．国际税收，2017（04）：35—41．

[144] 马蔡琛，苗珊．各国税制公平改革的最新进展及其启示［J］．税务研究，2017（04）：8—14．

[145] 杨志勇．特朗普税制改革主张评析［J］．国际税收，2017（02）：32—34．

[146] 邓力平，陈斌，王智烜．当前国际经济政治与国际税收关系的七个问题［J］．国际税收，2017（03）：6—11．

[147] 索尔·皮西托，陈新．国际税收与经济实质（下）［J］．国际税收，2017（03）：29—33．

[148] 何杨，夏安．公司所得税最新国际发展趋势研究［J］．国际

税收, 2017 (03): 20—24.

[149] 廖体忠, 韩霖. OECD 最新报告: 税制改革趋势发生明显改变 [J]. 国际税收, 2017 (03): 12—14+2.

[150] 罗秦. OECD 成员国增值税最新发展及启示 [J]. 国际税收, 2017 (03): 14—19.

[151] 张京萍. OECD 个人所得税改革趋势研析 [J]. 国际税收, 2017 (03): 24—28.

[152] 朱青. 对当前我国税负问题的看法 [J]. 税务研究, 2017 (03): 3—8.

[153] 张文春. 发达国家税收政策的最新趋势 [J]. 中国财政, 2017 (01): 69.

[154] 张守文. 税制变迁与税收法治现代化 [J]. 中国社会科学, 2015 (02): 80—102+204.

[155] 魏雪梅. 实现税收法治的国际经验借鉴 [J]. 税务研究, 2017 (02): 62—66.

[156] 崔晓静, 赵洲. 数字经济背景下税收常设机构原则的适用问题 [J]. 法学, 2016 (11): 15—27.

[157] 李春根. 提高我国直接税比重的难点与对策 [J]. 税务研究, 2017 (01): 58—61.

[158] 高培勇. 论完善税收制度的新阶段 [J]. 经济研究, 2015, 50 (02): 4—15.

[159] 邓力平. 落实税收法定原则与坚持依法治税的中国道路 [J]. 东南学术, 2015 (05): 12—19+246.

[160] 邓力平. 国际税收竞争: 基本分析、不对称性与政策启示 [M]. 北京: 北京大学出版社, 2009.

[161] 朱大旗. 论税收法定原则的精神实质及其落实 [J]. 国际税收, 2014 (05): 11—14.

[162] 靳东升. 国际税收领域若干发展趋势 [J]. 国际税收,

2013（07）：26—29.

[163] 施正文. 落实税收法定原则 加快完善税收制度 [J]. 国际税收，2014（03）：21—24.

[164] 王越. "一带一路"视阈下我国国际税收协调政策体系的完善 [D]. 吉林财经大学，2016.

[165] 王军. 践行五大发展理念 健全现代税收制度 [J]. 求是，2016（06）：23—25.

[166] 郑新业，张力，张阳阳. 全球税收竞争与中国的政策选择 [J]. 经济学动态，2019（2）：31—46.

[167] 张斌. 国家治理视角下的税收现代化进程：共性、差异与路径 [J]. 税务研究，2019（4）：8—13.

[168] 高培勇. 论国家治理现代化框架下的财政基础理论建设 [J]. 中国社会科学，2014（12）：102—122，207.

[169] 段炳德. 构建现代税收制度 促进国家治理体系现代化 [N]. 中国经济时报. 2017-6-15.

[170] 王越，汤贡亮. 竞争力税制的目标取向与评价体系构建 [J]. 税收经济研究，2020，25（03）：14—18+24.

[171] 朱为群. 税负结构的合理化与财税改革 [J]. 经济与管理评论，2020（01）：69—72.

[172] 黄立新. 特朗普税改法案的总体评析 [J]. 税务研究，2018（01）：18—24.

[173] 朱青. 对当前我国税负问题的看法 [J]. 税务研究，2017（03）：3—8.

[174] 胡怡建. 美国税改法案制度设计、政策导向和减税分析 [J]. 税务研究，2018（01）：13—17.

[175] 邓力平. 百年未有之大变局下的中国国际税收研究 [J]. 国际税收，2020（02）：3—9.

[176] 刘奇超. 论经济数字化国际税收改革中统一方法的规则设

计：一个观点综述[J]. 国际税收, 2020 (02): 24—32.

[177] 何杨, 鞠孟原. "全球反税基侵蚀"方案的最新发展和评析[J]. 国际税收, 2020 (02): 33—37.

[178] 张志勇. 近期国际税收规则的演化——回顾、分析与展望[J]. 国际税收, 2020 (01): 3—9.

[179] 张巍, 魏仲瑜. 新时期国际税收征管竞合关系研究[J]. 国际税收, 2019 (12): 24—27.

[180] Tsilly Dagan. International Tax Policy: Between Competition and Cooperation(Cambridge Tax Law Series)[M]. Cambridge University Press. 2017. 3 – 4.

[181] Egger P, Raff H. Tax rate and tax base competition for foreign direct investment [J]. International Tax Public Finance, 2014, 22 (05): 777 – 810.

[182] Tax Foundation. International Tax Competitiveness Index 2018 [R]. Washington, DC: Tax Foundation, 2018, 10.

[183] Business Taxation under the Coalition Government [R]. Oxford University Centre For Business Taxation, 2015, 5.

[184] What is a Competitive Tax System? [R]. OECD Taxation Working Papers, 2011, 7.

[185] Hanappi, T. Corporate Effective Tax Rates—Model Description and Results From 36 OECD and Non – OECD Countries. [R]. OECD Taxation Working Papers, 2011, 7.

[186] Egger, P. & Raff, H. Tax rate and tax base competition for foreign direct investment [J]. International Tax Public Finance, 2014, 7.

[187] Devereux, M. P., & Griffith, R. Evaluating Tax Policy for Location Decisions [J]. International Tax and Public Finance, Vol. 10, pages 107 – 126. 2003.

[188] Michael P. Devereux, John Vella. Are We Heading towards a

Corporate Tax System Fit for the 21st Century? [J]. Fiscal Studies, 2014, 35 (04).

[189] International Tax Competitiveness Index 2018 [R]. Tax Foundation. 2018, 10.

[190] Dietsch, P. Catching Capital: The Ethics of Tax Competition [M]. Oxford University Press. 2015, 8.

[191] Boris Korneychuk. International Tax Competition in the Global Economy [J]. Vol. 32 No. 4, December 2017, 842 – 872.

[192] Keen M, Konrad K A. International tax competition and coordination [Z]. Max Planck Institute for Tax Law and Public Finance, Working Paper, 2012, 257 – 328.

[193] Oxford University Centre For Business Taxation. Business Taxation under the Coalition Government [R]. Oxford: Oxford University Centre For Business Taxation, 2015, 5.

[194] Jeffrey P. Owens. Tax policy in the 21st century: new concepts for old problems [J]. Global Governance Programme, 2013, 5.

[195] Devereux, Michael and Loretz, Simon (2013) What do we know about corporate tax competition? National Tax Journal, 66 (03). pp. 745 – 773.

[196] Kurt A. Hafner. Tax Competition and Economic Integration [J]. Review of Development Economics, 19 (01), 45 – 61, 2015.

[197] Tomer Blumkin · Efraim Sadka · Yotam Shem – Tov. International tax competition: zero tax rate at the top re – established [J]. International Tax and Public Finance (2015) 22: 760 – 776.

[198] Nelly Exbrayat. Does Trade Liberalisation Trigger Tax Competition? Theory and Evidence from OECD Countries [J]. The World Economy (2017).

[199] Tax rate and tax base competition for foreign direct investment.

Peter Egger·Horst Raff [J]. Int Tax Public Finance (2015) 22: 777 - 810.

[200] Emmanuel Saez, Stefanie Stantcheva. A simpler theory of optimal capital taxation [J]. Journal of Public Economics, 2018, 162.

[201] Ferret, B. and Wooton, I. 2010, Competing for a duopoly: international trade and tax competition, Canadian Journal of Economics 43 No. 3, pp. 776 - 794.

[202] Andersson, F. and Forslid, R. 2003, Tax Competition and Economic Geography, Journal of Public Economic Theory 5, pp. 279 - 303.

[203] Baldwin, R. and Krugman, P. 2004, Agglomeration, Integration and Tax Harmonization, Euro - pean Economic Review 48, pp. 1 - 23.

[204] Forslid, R. 2005, Tax Competition and Agglomeration: Main Effects and Empirical Implications, Swedish Economic Policy Review 12, pp. 113 - 137.

[205] Heinemann, F., Overesch, M. and J. Rincke 2010, Rate - cutting tax reforms and corporate tax competition in Europe, Economics & Politics 22 No. 3, pp. 498 - 518.

[206] Heinemann, F., Overesch, M. and J. Rincke 2010, Rate - cutting tax reforms and corporate tax competition in Europe, Economics & Politics 22 No. 3, pp. 498 - 518.

[207] Cassette, A. and Paty, S. 2008, Tax competition among Eastern and Western European countries: With whom do countries compete, Economic Systems 32, No. 4, pp. 307 - 325.

[208] Scott D. Dyreng, Michelle Hanlon, Edward L. Maydew, Jacob R. Thornock. Changes in corporate effective tax rates over the past 25 years [J]. Journal of Financial Economics, 2017, 124 (03).

[209] Nelly Exbrayat. Does Trade Liberalisation Trigger Tax Competition? Theory and Evidence from OECD Countries [J]. The World Economy,

2017, 40 (01).

[210] Peter Egger, Horst Raff. Tax rate and tax base competition for foreign direct investment [J]. International Tax and Public Finance, 2015, 22 (05).

[211] Kurt A. Hafner. Tax Competition and Economic Integration [J]. Review of Development Economics, 2015, 19 (01).

[212] Are We Heading towards a Corporate Tax System Fit for the 21 st Century? [J]. Fiscal Studies, 2014, 35 (04).

[213] Michael P. Devereux, Simon Loretz. What Do We Know About Corporate Tax Competition? [J]. National Tax Journal, 2013, 66 (03).

[214] Johannes Becker, Clemens Fuest, Nadine Riedel. Corporate tax effects on the quality and quantity of FDI [J]. European Economic Review, 2012, 56 (08).

[215] Michael P. Devereux. Taxation of outbound direct investment: economic principles and tax policy considerations [J]. Oxford Review of Economic Policy, 2008, 24 (04).

[216] Michael P. Devereux. Business taxation in aglobalized world [J]. Oxford Review of Economic Policy, 2008, 24 (04).

[217] Michael P. Devereux, Ben Lockwood, Michela Redoano. Do countries compete over corporate tax rates? [J]. Journal of Public Economics, 2007, 92 (05).

[218] Richard S. Simmons. Does recent empirical evidence support the existence of international corporate tax competition? [J]. Journal of International Accounting, Auditing and Taxation, 2006, 15 (01).

[219] Michael P. Devereux, R. Glenn Hubbard. Taxing Multinationals [J]. International Tax and Public Finance, 2003, 10 (04).

[220] Michael P. Devereux, Rachel Griffith. Evaluating Tax Policy for Location Decisions [J]. International Tax and Public Finance, 2003, 10 (02).

[221] Michael P. Devereux, Rachel Griffith, Alexander Klemm, MarcelThum, Marco Ottaviani. Corporate Income Tax Reforms and International Tax Competition [J]. Economic Policy, 2002, 17 (35).

[222] Devereux et al., G20 Corporate Tax Ranking [EB/OL]. (2017 – 03 – 16) [2017 – 07 – 20]. https://www.sbs.ox.ac.uk/sites/default/files/Business_ Taxation/Docs/Publications/Policy_ Papers/g20 – corporation – tax – ranking – 2016. pdf.

[223] Tomer Blumkin, Efraim Sadka, Yotam Shem – Tov. International tax competition: zero tax rate at the top re – established [J]. International Tax and Public Finance, 2015, 22 (05).

[224] Tomoya Ida. International tax competition with endogenous sequencing [J]. International Tax and Public Finance, 2014, 21 (02).

[225] Michael P. Devereux, Simon Loretz. What Do We Know About Corporate Tax Competition? [J]. National Tax Journal, 2013, 66 (03).